Christel Zeile-Elsner

Luther. Kompetent

Eine Unterrichtseinheit für die Sekundarstufe I

calwer materialien

ISBN 978–3–7668–4275–6

© 2013 by Calwer Verlag GmbH Bücher und Medien, Stuttgart
Alle Rechte vorbehalten. Wiedergabe, auch auszugsweise,
nur mit Genehmigung des Verlags.
Satz und Herstellung: Karin Class, Calwer Verlag
Zeichnungen: Angelica Guckes, Leinfelden-Echterdingen
Umschlagentwurf: Karin Sauerbier, Stuttgart
Druck: Beltz Druckpartner GmbH & Co. KG, Hemsbach

E-Mail: info@calwer.com
Internet: www.calwer.com

Inhalt

Einleitung: Martin Luther und die Reformation in der Sekundarstufe 5
    Didaktische Vorüberlegungen 5
    Kompetenzorientierter Unterricht? 5

Die Unterrichtssequenz „Martin Luther und die Reformation" im Überblick 6

Hinweise zu Methoden der Einheit 7
    1. Methode: Placemat 7
    2. Methode: Think-Pair-Share 7
    3. Methode: One stay – three stray (Einer bleibt – drei gehen) 7

Literatur 8

    1. Stunde: Martin Luther und die Reformation 9
    2. Stunde: Aufbruch in eine neue Zeit 10
    3. Stunde: Luthers Gottesbild wandelt sich 11
    4. Stunde: Auseinandersetzung um den Ablass 12
    5. Stunde: Luthers neue Lehre – Die Schriften von 1520 13
    6. Stunde: Der Reichstag in Worms 1521 und seine Folgen 14
    7. Stunde: Rückblick und Ausblick – Vertiefen und Üben 15
    8. Stunde: Sola scriptura – Allein die Schrift 16
    9. Stunde: Martin Luther übersetzt die Bibel aus den Ursprachen ins Deutsche 17
    10. Stunde: Katharina von Bora 18
    11. Stunde: Martin Luther und der Bauernkrieg 19
    12. Stunde: Martin Luther und die Schule 20
    13. Stunde: Reformation im Kirchenraum 21

Materialien 22

Martin Luther und die Reformation in der Sekundarstufe

Didaktische Vorüberlegungen

Die erste Herausforderung in der Planung und Umsetzung eines Unterrichtsvorhabens zu Martin Luther und der Reformation besteht darin, das Interesse der Jugendlichen für eine historische Gestalt und ein Zeitalter zu wecken, das 500 Jahre zurückliegt. Die Bedeutung für ihre Lebenszusammenhänge und das, was sie im Alltag bewegt, ist nicht unmittelbar evident.

Was kann für sie bedeutsam werden? Einerseits geht es im Kern der reformatorischen Botschaft um elementare Fragen des Jugendalters: ein Ja zu sich zu erfahren, um Freiheit und Bindung, um Autorität und Gewissen. Andererseits darf man von der Beschäftigung mit der historischen Gestalt auch nicht zu viel Identifikation erwarten. Ziel des Unterrichts kann jedenfalls nicht eine „verstehende Horizontverschmelzung" sein, eher eine „Begegnung" mit der Person und ihrem Denken.

Was Schülerinnen und Schüler lernen können, sind Zugänge und Fähigkeiten, die sie z.B. bei der Auseinandersetzung mit anderen historischen Entwicklungen oder Gestalten zur Verfügung haben könnten.

Für die vorliegende Einheit ließen sich in diesem Sinne folgende Kompetenzen nennen:

- Die Ursprünge heutiger Fragen in der Geschichte entdecken
- Fragen der Geschichte ins Heute übersetzen
- Historische Quellen befragen und sich Lebensumstände früherer Zeiten erschließen
- Fremdes als Fremdes benennen
- Historiendarstellungen und historische Darstellungen kritisch rezipieren
- Eigene Positionen mit Äußerungen einer historischen Gestalt vergleichen und argumentative Begründungen für die eigene Meinung anführen
- Ursachen und Wirkungen in historischen Entwicklungen beschreiben

Kompetenzorientierter Unterricht?

Kompetenzorientierung versucht nicht in jeder einzelnen Stunde, sondern langfristig Kompetenzen anzubahnen und zu festigen.
In der Konzeption des vorliegenden Unterrichtsentwurfes wurde dem in unterschiedlicher Weise Rechnung getragen.

Am Anfang der Einheit steht eine Lernstandserhebung. Sie dient der Lehrkraft zur Orientierung über die Kenntnisse der Lerngruppe und vergegenwärtigt den Schülerinnen und Schülern, welches Wissen sie bereits mitbringen. Sie können an dieser Stelle formulieren, was sie am Thema interessiert und welche vertieften Kenntnisse sie erwerben wollen. Ausgehend davon werden entsprechende Schwerpunkte und Vertiefungen in die Unterrichtssequenz integriert. Solche kooperative Planungsverfahren, die die Interessen der Schülerinnen und Schüler einbeziehen, unterstützen die Motivation und eröffnen zugleich einen Einblick ins Verfahren der Gliederung eines Themenfeldes.

Einige Stunden sind ausgehend von einer **Anforderungssituation** geplant, also Fragen, Aufgaben oder Problemen, vor die Schülerinnen und Schüler gestellt sind. Diese sind zwar meist konstruiert, dennoch war das Bemühen bestimmend, sie möglichst nah an der Lebenswirklichkeit der Schülerinnen und Schüler anzusiedeln.

Eine wichtige Rolle spielt die **Metakognition**, über die immer wieder der Lern- und Arbeitsprozess selbst in den Blick genommen wird. Hier hat ein **Advance Organizer** eine wichtige Funktion. Er gibt eine Vorinformation über Begriffe und Schwerpunkte der anstehenden Einheit.

Das wahrscheinlich wichtigste Element im Blick auf kompetenzorientierten Unterricht sind die **Aufgabenformate**. Deshalb wird diesen in der vorliegenden Einheit ein besonderes Gewicht beigemessen. Es werden unterschiedliche und immer wieder neue Wege der kognitiven Aktivierung gesucht. Dabei geht es im Kern nicht um das Reproduzieren historischer Daten und Fakten, sondern um den aktiv gestaltenden und vertieften Umgang damit. Die Aufgaben bewegen sich auf unterschiedlichen Anforderungsniveaus, an einigen Stellen eröffnen Vorschläge zur **Binnendifferenzierung** die Möglichkeit inhaltlicher Vertiefung und damit auch individueller Förderung. Kooperative Lernformen sorgen für eine möglichst breite Beteiligung aller Schülerinnen und Schüler am Unterrichtsgeschehen.

In einigen Stunden werden Querverbindungen zu bereits Gelerntem hergestellt, darüber werden Zusammenhänge hervorgehoben und **nachhaltiges Lernen** gefördert.

Abgeschlossen wird die Unterrichtssequenz mit einer „**Evaluation**", die allerdings nicht den Charakter eines „I can"-Nachweises hat, sondern auffordert, die erworbenen Kompetenzen in kreativer Weise in einem neuen Zusammenhang anzuwenden.

Die Unterrichtseinheit „Martin Luther und die Reformation" folgt im Aufbau der Biographie Luthers und der zeitlichen Abfolge der Ereignisse. Die Schwerpunkte der Einheit orientieren sich überwiegend am Bildungsplan für Baden-Württemberg, in dem drei Schwerpunkte auszumachen sind: Bibelübersetzung und Bedeutung der Bibel für die evangelische Kirche, die Rechtfertigungslehre und die Ursachen der Kirchentrennung.

Obwohl hier 13 Doppelstunden (je 90 Min.) vorliegen, mussten Schwerpunkte gesetzt werden, wohl wissend, dass es gute Argumente für weitere und andere Akzente, die nicht berücksichtigt wurden, gibt. Hier sind zum Beispiel die Schweizer Reformatoren zu nennen, die Auseinandersetzung mit Thomas Müntzer, Philipp Melanchthons Beitrag zur Reformation und der Augsburger Religionsfriede. In didaktischer Hinsicht außerordentlich ergiebig sind lokalgeschichtliche Ereignisse und Bezüge, auf die hier auch verzichtet werden musste. Darüber hinaus sucht man natürlich sinnvollerweise die Kooperation mit dem Geschichtsunterricht. So bleibt der Kollegin bzw. dem Kollegen auch hier in der Planung des Unterrichts noch die Aufgabe der didaktisch verantworteten Auswahl und Ergänzung von Schwerpunkten für den eigenen Unterricht.

Einführung

Die Unterrichtssequenz „Martin Luther und die Reformation" im Überblick

Thema	Elemente der Kompetenzorientierung
1. Stunde Einführung Martin Luther und die Reformation	➢ Anforderungssituation ➢ Lernstandserhebung ➢ Advance Organizer ➢ Binnendifferenzierung
2. Stunde Aufbruch in eine neue Zeit	➢ Metakognition ➢ Binnendifferenzierung
3. Stunde Luthers Gottesbild wandelt sich	➢ Kognitive Aktivierung (Aufgabenformate) ➢ Binnendifferenzierung
4. Stunde Auseinandersetzung um den Ablass	➢ Binnendifferenzierung ➢ Nachhaltigkeit ➢ Metakognition
5. Stunde Luthers neue Lehre – Die Schriften von 1520	➢ Lernstandserhebung ➢ Kognitive Aktivierung (Aufgabenformate)
6. Stunde Der Reichstag in Worms 1521 und seine Folgen	➢ Kognitive Aktivierung (Aufgabenformate bes. IV.1)
7. Stunde Rückblick und Ausblick – Vertiefen und Üben	➢ Advance Organizer ➢ Metakognition ➢ Nachhaltigkeit
8. Stunde Sola scriptura – Allein die Schrift	➢ Anforderungssituation ➢ Lernstandserhebung ➢ Kognitive Aktivierung
9. Stunde Wartburg und Bibelübersetzung	➢ Anforderungssituation ➢ Binnendifferenzierung
10. Stunde Katharina von Bora	➢ Advance Organizer ➢ Metakognition ➢ Aufgabenformate ➢ Binnendifferenzierung
11. Stunde Martin Luther und der Bauernkrieg	➢ Aufgabenformate ➢ Binnendifferenzierung ➢ Metakognition
12. Stunde Martin Luther und die Schule	➢ Aufgabenformate ➢ Metakognition
13. Stunde Reformation im Kirchenraum	➢ Evaluation ➢ Nachhaltigkeit ➢ Metakognition

Hinweise zu Methoden der Einheit

Wer über kompetenzorientierten Unterricht nachdenkt, stößt unweigerlich auf die Frage, ob es hierfür besonders geeignete Lernwege und -arrangements gibt. Sicher gibt es nicht *die* Methode/n für kompetenzorientierten Unterricht, es lassen sich allerdings Kriterien für Methoden ausmachen, die Kompetenzorientierung fördern.

Sie sollten
- Differenzierung (Arbeitstempo, Anforderungsebenen, Sozialformen) zulassen
- Zusammenarbeit effektiv anleiten
- Selbstverantwortlichkeit stärken
- den Arbeitsprozess gliedern und transparent gestalten
- das Strukturieren von Gedankengängen / Themen unterstützen.

Lernarrangements, die dies berücksichtigen, findet man z.B. in Vorschlägen zum Kooperativen Lernen (vgl. Kathy und Norm Green). Deren besonderes Augenmerk liegt darauf, dass Lernwege so angelegt sind, dass eine wechselseitige „positive Abhängigkeit" aller am Arbeitsprozess Beteiligten entsteht. Diese „Abhängigkeit" kann unterschiedlich aussehen, sie führt aber in jedem Fall dazu, dass den Schülerinnen und Schülern deutlich wird, dass jede/r einzelne nur erfolgreich sein kann, wenn alle erfolgreich sind.

Die in der Unterrichtseinheit verwendeten und nachfolgend vorgestellten Methoden sind darauf ausgelegt, Gruppen- und Teamarbeit so anzuleiten, dass sie erfolgreich und effektiv ist. Sie fördern die kommunikative und soziale Kompetenz. Darüber hinaus ermöglichen sie Differenzierung, verpflichten zu eigenverantwortlichen Beiträgen und geben dem Arbeitsprozess eine klare Struktur.

1. Methode: Placemat

Diese Methode eignet sich z.B. zum Austausch von Ideen, zum Einüben einer Diskussion und zum Entwickeln eines Konsenses.
Die Teilnehmer/innen haben ein Blatt Papier (günstig A3 und größer) mit entsprechend der Anzahl der Gruppe drei oder vier Feldern vor sich. In der Mitte ist ein freies Feld. In der 1. Phase schreiben alle wesentliche Gedanken und Stichworte zum Thema in ihr Feld, dann bekommen sie in der 2. Phase die Gelegenheit, die Beiträge der anderen zu lesen, auch Fragen dazu zu klären. In der 3. Phase verständigen sich alle Gruppenmitglieder auf die wichtigsten Aspekte des Themas und halten dies in der Mitte des Blattes fest. Wenn genügend Zeit ist, kann in einer 4. Phase noch ein Rundgang an die Tische der anderen Gruppen stattfinden, um deren Ergebnisse wahrzunehmen. Dazu empfiehlt es sich, dass an jedem Gruppentisch eine Person verbleibt, die Fragen zu den Ergebnissen beantworten kann.

2. Methode: Think-Pair-Share

Diese bewährte Methode gliedert den Arbeitsprozess und sieht wechselnde Sozialformen vor.
In der 1. Phase („Think") beschäftigen sich die Schülerinnen und Schüler in Einzelarbeit mit einem Text, einer Fragestellung, einem Problem, um dann anschließend in der 2. Phase (Pair) in einen Austausch oder Vergleich der Ergebnisse mit einem Partner bzw. einer Partnerin zu treten. In der 3. Phase geht es darum, die Ergebnisse mit einer erweiterten größeren Gruppe oder der Gesamtgruppe zu teilen (Share), also zu präsentieren.

3. Methode: One stay – three stray (Einer bleibt – drei gehen)

Zunächst wird in einer 1. Phase von vier Personen einer Gruppe ein Thema erarbeitet. Für diese Erarbeitungsphase muss ausreichend Zeit sein, so dass alle Gruppenmitglieder auch als Experten für das bearbeitete Thema auftreten könnten.
In der 2. Phase bleibt ein Gruppenmitglied am Gruppentisch zurück, die anderen drei gehen weiter an die Gruppentische der anderen Gruppen und lassen sich dort informieren.
In Phase 3 kehren sie in ihre Stammgruppe zurück und erklären den anderen, was sie gelernt haben.

Literatur

Quellentexte

Calwer Luther-Ausgabe, hg. von W. Metzger, Neuhausen / Stuttgart 1996

Gutenberg-Projekt unter http://gutenberg.spiegel.de/

Bücher zu Martin Luther und der Reformation

Brecht, Martin: Martin Luther (3 Bände), hier bes. Sein Weg zur Reformation 1483–1521, Stuttgart 1987

Dieterich, Veit Jakobus: Martin Luther, München 2008

Dieterich, Veit Jakobus: Die Reformatoren, Hamburg 2002

Meier-Böhme, Bodo: Die Falle des Teufels. Sechs Freunde und die Reformation, Stuttgart 2002

Oberman, Heiko A.: Die Kirche im Zeitalter der Reformation, Neukirchen 1981

Scharffenorth, Gerta: Den Glauben ins Leben ziehen. Studien zu Luthers Theologie

Schilling, Heinz: Martin Luther. Rebell in einer Zeit des Umbruchs. Eine Biographie, München 2012

Steinwede, Dietrich: Martin Luther. Leben und Wirken des Reformators, Düsseldorf 2006

Treu, Martin: Katharina von Bora, Wittenberg 1999

Didaktische und methodische Anregungen

Feindt, Andreas u.a. (Hg.): Kompetenzorientierung im Religionsunterricht. Befunde und Perspektiven, Münster 2009

Green, Norm u. Kathy: Kooperatives Lernen, Seelze 2005

Helmke, Andreas: Unterrichtsqualität und Lehrerprofessionalität. Diagnose, Evaluation und Verbesserung des Unterrichts, Seelze 2009

Klippert, Heinz: Heterogenität im Klassenzimmer, Weinheim 2010

Landgraf, Michael: Reformation. ReliBausteine 2, Speyer / Stuttgart 2008

Obst, Gabriele: Kompetenzorientiertes Lehren und Lernen im Religionsunterricht, Göttingen 2008

Schwendemann, Wilhelm / Stahlmann, Matthias: Reformation und Humanismus in Europa, Calwer Materialien, Stuttgart 1997

1. Stunde: Martin Luther und die Reformation

I. Einstieg / Hinführung zum Thema Wenn „Religionsunterricht" auf dem Stundenplan steht, ist für euch klar, ihr müsst euch von euren katholischen Mitschüler/innen trennen und werdet in getrennten Räumen unterrichtet. Vielleicht sprecht ihr gelegentlich darüber, womit die anderen sich beschäftigen, und stellt fest, so ganz anders ist es bei den Katholiken gar nicht. Wie kommt es zu der Trennung? Warum gibt es unterschiedliche Konfessionen? 1. Arbeitsauftrag in Einzelarbeit: Fallbeispiel: Versetze dich in die Situation dessen, der im Beispiel gefragt wird, warum es die evangelische Kirche gibt, und formuliere eine Antwort auf dem Hintergrund deines bisherigen Wissens (**M 1.1**). 2. Auswertung: ☐ Einzelne Texte werden vorgetragen. Vor der Klasse sitzt ein Schüler / eine Schülerin und hört sich Ergebnisse in der Rolle des katholischen Mitschülers aus dem Fallbeispiel an. ☐ Was spricht für die Trennung? Was spricht für gemeinsamen Unterricht? (Fishbowl oder Schülerinnen und Schüler schreiben Kommentare auf im Klassenzimmer aushängende Plakate.)	*Anforderungssituation* Konfessionell getrennter RU? Für den Einstieg in die Unterrichtssequenz ist ein Beispiel aus dem Schulalltag gewählt, an dem deutlich wird, welche Folgen die Reformation bis heute hat. Die Schülerinnen und Schüler tragen ihre Kenntnisse historischer Ereignisse und Entwicklungen zusammen, um eine Alltagssituation zu verstehen.
II. Erarbeitung Wir gehen 500 Jahre zurück zum Ursprung der Trennung, ins Zeitalter der Reformation. In Deutschland stoßen wir dabei auf Martin Luther. Ihm seid ihr in eurer Schullaufbahn schon begegnet. 1. Arbeitsauftrag: Mich interessiert, was ihr bereits über ihn und seine Zeit wisst. Vgl. **M 1.2** Martin Luther und die Reformation. 2. Auswertung: Schülerinnen und Schüler tragen Ergebnisse vor, Stichworte werden auf Kärtchen geschrieben und an Pinnwand oder Tafel befestigt. 3. Kooperatives Planungsverfahren (UG / TA): Die Lehrkraft ergänzt Kärtchen mit wesentlichen Stichwörtern bzw. Themen für die Einheit. Die thematischen Schwerpunkte und die Struktur der Unterrichtssequenz werden gemeinsam erarbeitet.	*Lernstandserhebung* Die Lernstandserhebung zeigt der Lehrkraft, von welchen Vorkenntnissen sie im Weiteren ausgehen kann. Zugleich wird den Schülerinnen und Schülern deutlich, dass sie schon einige Kenntnisse mitbringen. **M 1.2** ist so konzipiert, dass eine transparente und kooperative Planung der Einheit möglich wird. Es übernimmt damit die Funktion eines **Advance Organizers** und wird deshalb im Verlauf der Unterrichtssequenz immer wieder zum Einsatz kommen, um zu strukturieren, Transparenz zu schaffen und nachhaltiges Lernen zu stärken.
III. Vertiefung (im weiteren Verlauf der Unterrichtseinheit) Vergabe weiterer Themen für Referate und Ausarbeitungen, abgeleitet aus Ergebnissen der 2. Aufgabe „Das interessiert mich …" Weitere mögliche Themen: ➢ Reformation unter H. Zwingli oder J. Calvin ➢ Philipp Melanchthon ➢ Reformation an einem lokalgeschichtlichen Beispiel	*Binnendifferenzierung*

2. Stunde: Aufbruch in eine neue Zeit

I. Einstieg / Hinführung zum Thema Vor einigen Jahren wurde mit großem Aufwand und Erfolg ein Film zu Martin Luther gedreht, der relativ lange in deutschen Kinos zu sehen war. Auf dem Kinoplakat stand der Titel „Luther" und als Untertitel „Er veränderte die Welt für immer." 1. Unterrichtsgespräch: ☐ „Er veränderte die Welt für immer" (TA oder Plakat) Stimmt das? Wie seht ihr das? **Alternativ:** 2. Arbeitsauftrag: (Placemat / GA) Ihr hört aktuell Nachrichten über Veränderungen in nordafrikanischen Ländern, über Länder im Vorderen Orient, in denen sich viel bewegt. Ihr habt im Geschichtsunterricht gehört, wie sich Politik, Denken und Lebensverhältnisse im Laufe der Geschichte vielfach verändert haben. Wir wollen uns Zeit nehmen und der Frage nachgehen: „Wie kommt es zu Veränderungen in der Geschichte?"	Nachdem die Schülerinnen und Schüler Geschichtsunterricht haben und immer wieder Nachrichten von weltpolitischen Ereignissen mitbekommen, halte ich es für sinnvoll, ihnen an dieser Stelle, im Sinne **kognitiver Aktivierung,** die Gelegenheit zu geben, selbst Theorien zu entwickeln und Modelle zu konstruieren, bevor im Unterricht einzelne Faktoren erörtert werden. Abhängig von der Lerngruppe und dem dafür eingeplanten Zeitrahmen kann hier kürzer im UG gearbeitet werden oder ausführlicher, kooperativ in Form eines Placemats.
II. Erarbeitung Um zu verstehen, wie es zur Reformation gekommen ist, müssen wir uns genauer anschauen, was die Menschen im Übergang vom Mittelalter zur Neuzeit beschäftigt hat, welche Hoffnungen und Ängste sie hatten, wovon ihr Denken und ihre Weltsicht bestimmt waren. 1. Arbeitsauftrag (PA): (**M 2.1**) Erstellt ein Mindmap zum Thema „Ein neues Zeitalter bricht an", aus dem ersichtlich wird, wodurch der Übergang vom ausgehenden Mittelalter in die Neuzeit geprägt war. 2. Auswertung im UG, einige Schülerarbeiten werden als TA oder Folie vorgestellt.	*Methodentraining*
III. Vertiefung (1) Wir haben uns mit der Mindmap einige Gesichtspunkte vor Augen geführt, die beim Übergang vom Mittelalter in die Neuzeit eine Rolle gespielt haben. Wir wollen jetzt noch einmal vertieft auf den Glauben und die Frömmigkeit im ausgehenden Mittelalter eingehen. 1. Arbeitsauftrag (EA): ➢ Lückentext Frömmigkeit im ausgehenden Mittelalter (**M 2.2**) 2. Auswertung: (UG und Folie mit Lückentext zur Überprüfung)	Die Vorstellungswelt und insbesondere die Frömmigkeit des ausgehenden Mittelalters ist Schülerinnen und Schülern erfahrungsgemäß fremd. Um zentrale Begriffe im Sinne **nachhaltigen Lernens** zu festigen, bearbeiten die Schülerinnen und Schüler den Lückentext.
IV. Vertiefung (2): Hausaufgabe Aufgabe: ➢ **Wer war Martin Luther?** Verfasst einen Steckbrief, dem wesentliche Stationen seines Lebens zu entnehmen sind. Informationen könnt ihr z.B. der Internetadresse *www.luther.de* entnehmen.	

3. Stunde: Luthers Gottesbild wandelt sich

I. Einstieg / Hinführung zum Thema 1. Bildbetrachtung: Rembrandt, Die Heimkehr des Verlorenen Sohnes (**M 3.1**) ☐ 1. Schritt: Beschreiben / 2. Schritt: Deuten mit Fokus auf kniender Gestalt: Gefühle? Gedanken? Beziehung zur aufrechten Gestalt? 2. Unterrichtsgespräch / inszeniertes Interview: ☐ Der Titel des Bildes lautet „Die Heimkehr des Verlorenen Sohnes". Ihr kennt das Gleichnis, das hier aufgegriffen wird. Können wir es zusammen rekonstruieren? ☐ Ich möchte gerne einen Schritt weitergehen und die Geschichte mit euch fortschreiben: Wir stellen uns vor, dass wir die auf dem Bild kniende Gestalt, den jüngeren Sohn, einige Wochen später treffen und **ein Interview** mit ihm führen. ➤ Wie fühlt er sich? Hat sich in seinem Leben etwas verändert? ➤ Wie ist die Beziehung zu seinem Vater? ➤ Wie begegnet er seinem Bruder? Überleitung: Eine ähnliche Erfahrung wie der sogenannte „Verlorene Sohn" hat Luther auch gemacht. Damit wollen wir uns heute beschäftigen.	*Methodenkompetenz* Die Schülerinnen und Schüler können ein Bild systematisch erschließen, indem sie erst inventarisieren und dann deuten. *Aufbauendes Lernen* Das Gleichnis aus Lk 15 ist den Schülerinnen und Schülern aus der Unterstufe vertraut. Das Bild vermutlich auch. Sie lernen die Geschichte hier in einen neuen Zusammenhang zu bringen.
II. Erarbeitung Martin Luther hat viele Kirchenlieder verfasst. In der Verbindung von Text und Musik kommen seine Gedanken und vor allem auch Gefühle zum Ausdruck. Im Lied, das wir gleich hören werden, hat er sehr eindrücklich beschrieben, wie sich sein Gottesbild und sein Glaube im Laufe seines Lebens gewandelt haben. 1. Lied „Nun freut euch …" (UG): Erste Eindrücke beim Hören? Stimmung, Entwicklung, Thema …? 2. Arbeitsauftrag (GA): (**M 3.2**) Wir schauen uns die Entwicklung an, wie Luther sie in der Abfolge der Strophen beschrieben hat. ☐ Erstellt ein Standbild zu eurer Strophe, aus dem ersichtlich wird, wie Luther sich wahrgenommen hat. 3. Auswertung: Präsentation der Standbilder zu den Strophen 2–4. Leitfrage: Was seht ihr, was verändert sich mit den Strophen? 4. UG: Besonderheit der 1. Strophe: Wir alle!?	*Kognitive Aktivierung*
III. Vertiefung (1) 1. Arbeitsauftrag: ☐ Luther trägt seine Einsicht einem befreundeten Mönch vor. Findet der diese Überlegungen interessant? Verfasst einen Dialog, wie er hätte geführt werden können. **Alternativ:** ☐ Und heute? Vergleicht Luthers Einsicht mit eurer Vorstellung von Gott. Verfasst einen Brief an Luther, in dem ihr entweder euer eigenes Gottesbild darlegt oder aber persönlich Stellung nehmt zu seiner Entdeckung. 2. Auswertung: Einige der verfassten Texte werden vorgetragen.	*Binnendifferenzierung* Es gibt Schülerinnen und Schüler, die eher in der historischen Auseinandersetzung bleiben wollen und deshalb Aufgabe 1, den Dialog mit einem Mönch, wählen werden. Manche Schülerinnen und Schüler sind bereit, ihre persönlichen Überlegungen einzubringen. Für solche wäre Aufgabe 2 passender.
IV. Vertiefung (2) 1. Besprechung der **Hausaufgabe** (UG) ➤ Ausgehend vom als HA angefertigten „Steckbrief" erfolgt ein UG zur Frage, in welche Phase von Luthers Biographie die jeweiligen Strophen passen.	

Stundenübersicht

4. Stunde: Auseinandersetzungen um den Ablass

I. Einstieg / Hinführung zum Thema 1. Auseinandersetzung um St.-Peter-Ablass: Filmsequenz: Tetzel auf dem Marktplatz von Jüterbog und Ablasspredigt (DVD „Luther") 2. Unterrichtsgespräch: Worum geht es im Filmausschnitt? Wir tragen zusammen, was wir gesehen haben. (Klären von Verständnisfragen!) 3. Lehrervortrag: Vertiefung / Sachinfo: Ablass – Was ist darunter zu verstehen? Evtl. am Bsp. der Ablassinstruktion von Albrecht von Mainz (**M 4.2**).	
II. Erarbeitung (1) Tetzel und der St.-Peter-Ablass 1. Arbeitsauftrag (EA): ☐ Verfasse einen Zeitungsbericht für den „Jüterboger Boten" über Tetzels Auftritt. Es sollte daraus hervorgehen, wer Tetzel war, was unter dem St.-Peter-Ablass zu verstehen ist, wie die Menschen auf Tetzels Rede reagiert haben. **Alternativ:** ☐ Verfasse ein Gespräch zwischen zwei Personen, die einen Ablassbrief erworben haben. Aus dem Gespräch soll hervorgehen, was ein Ablass ist und was sie dazu bewogen hat, einen Ablass zu kaufen. 2. Auswertung: AA 1. Schülerinnen und Schüler tragen ihre Berichte vor. AA 2. Verfasste Gespräche werden im Dialog vorgetragen.	*Binnendifferenzierung* Arbeitsauftrag 1 sichert die Info aus dem Film (Textgattung „Bericht" vertieft die im Deutschunterricht eingeübte Kompetenz). Arbeitsauftrag 2 fordert mehr als die Wiedergabe von Informationen, hier sollen Motive und Hintergründe erfasst werden.
III. Vertiefung 1. Arbeitsauftrag (PA oder GA) Bevor wir uns anschauen, was Martin Luther dazu gesagt hat, interessiert mich **eure Meinung**. Fasst eure Meinung über den Ablass in wenigen Sätzen zusammen. 2. Auswertung (UG)	Hier geht es darum, die Schülerinnen und Schüler zu **argumentativer Begründung**, unabhängig von der historischen Gestalt, zu befähigen.
IV. Erarbeitung (2) 1. LV: Legende vom Thesenanschlag an die Tür der Schlosskirche in Wittenberg als öffentlichem Auftakt der Reformation am 31. Oktober 1517, dem sogenannten „Reformationstag" ... 2. Arbeitsauftrag (PA): vgl. (**M 4.1**) 3. Schülerinnen und Schüler präsentieren ihre Ergebnisse.	Hier kann es nicht nur darum gehen, dass die Schülerinnen und Schüler Inhalte der Thesen wiedergeben können. Die **Aufgabenstellung** leitet dazu an, sie in eigenen Worten in einen historischen Diskussionskontext zu stellen.
V. Vertiefung (2) 1. Unterrichtsgespräch (TA): Überlegt, ob ihr biblische Geschichten kennt, mit denen man Martin Luthers Thesen begründen könnte.	*Nachhaltigkeit / Aufbauendes Lernen* Die Schülerinnen und Schüler stellen Zusammenhänge zu ihnen bekannten Texten her.
VI. Erarbeitung (3) Könnt ihr seine Thesen in Zusammenhang zu dem bringen, was ihr bisher über Martin Luther gelernt habt und wisst? ➢ Bezug zur 2. Stunde, Wandel im Gottesbild, etc.	**Metakognition** und **Nachhaltigkeit** evtl. hier auch als Aufgabe zur **Binnendifferenzierung**.

5. Stunde: Luthers neue Lehre – Die Schriften von 1520

I. Einstieg / Hinführung zum Thema Stelle dir vor, du bist heute Abend zu Hause, hast es dir richtig gemütlich gemacht, da klingelt es an der Haustüre. Du öffnest und vor dir stehen zwei jüngere, gut gekleidete Herren. Sie lächeln freundlich und fragen dich, ob sie eintreten dürften. Sie wollten mit dir über Gott, die Bibel und die Welt sprechen. Du bist zwar gerade anders drauf, kannst ihnen aber nicht absagen und lässt dich auf das Gespräch ein. 1. Arbeitsauftrag: (**M 5.1**) Think-Pair-Share ☐ Es geht um folgende Fragen und deine Meinung dazu. Kreuze jeweils an und schreibe deine Begründung auf. ☐ Suche einen Mitschüler / eine Mitschülerin und tauscht eure Ergebnisse aus. ☐ Vergleicht eure Ergebnisse mit weiteren Mitschülern / Mitschülerinnen.	*Lernstandserhebung* Ein wichtiges Ziel des Kirchengeschichtsunterrichts muss sein, die Schülerinnen und Schüler dazu zu befähigen, Fragen der Geschichte ins Heute zu übersetzen und umgekehrt heutige Fragen in der Geschichte zu entdecken. Dieses Ziel verfolgt der Einstieg in die Stunde.
II. Erarbeitung Martin Luther hat im Jahr 1520 wichtige Schriften veröffentlicht, in denen er sich zu den Fragen, mit denen ihr euch eben beschäftigt habt, geäußert hat. Wie hat er diese Fragen beantwortet? 1. Arbeitsauftrag: (**M 5.2**) Martin Luthers Sprache ist nicht immer leicht zu verstehen, weil er Wörter verwendet, die uns heute nicht mehr gebräuchlich sind. ☐ Lies die Texte und suche dir anschließend einen Mitschüler / eine Mitschülerin, mit dem / der du besprichst, was Luther hier schreibt. (Wenn ihr Fragen habt, wendet euch an den Lehrer / die Lehrerin.) ☐ Fasst dann den Inhalt der einzelnen Abschnitte in eigenen Worten schriftlich zusammen. 2. Präsentation der Ergebnisse im UG: Ergebnissicherung auf Folie.	Wo möglich sollten Schülerinnen und Schüler lernen, historische Quellen zu erschließen. Deshalb sind hier für den Arbeitsauftrag drei kurze Ausschnitte aus den Reformatorischen Schriften ausgewählt. *Aufgabenkultur* Weil die Texte nicht leicht zu verstehen sind, wird hier eine klar strukturierte Vorgehensweise gewählt, die im Wechsel von Einzelarbeit und Kooperativem Arbeiten zum einen jeden in die Pflicht nimmt, zum anderen aber auch der Heterogenität in Leistung und Tempo gerecht wird, indem sie die Schülerinnen und Schüler aufeinander verweist.
III. Vertiefung 1. Arbeitsauftrag (GA): ☐ Nehmt euren Fragebogen (**M 5.1**) zur Hand und vergleicht eure Antworten mit denen, die Martin Luther auf diese Fragen gibt. 2. Auswertung im Gespräch	Hier geht es um den Vergleich der eigenen Meinung mit Äußerungen der historischen Gestalt. Die **Fähigkeit zu eigener argumentativer Begründung**, auch abweichend von der der historischen Gestalt, steht im Vordergrund.

Stundenübersicht

6. Stunde: Der Reichstag in Worms 1521 und seine Folgen

I. Einstieg / Hinführung zum Thema 1. Bildbetrachtung: „Luther vor dem Reichstag in Worms" (**M 6.1**) ➢ 1. Schritt: Beschreiben (welche Personen und Gruppen lassen sich identifizieren, …) ➢ 2. Schritt: Deuten (besonders: Wie wird Luther dargestellt? Held, unerschrocken, …) 2. Luthers Haltung nachstellen und darüber sprechen, wie er wirkt, wie die Situation ist, wie man ihn „ins Bild stellen" könnte … 3. Kritische Rezeption: (UG) ☐ Der Künstler hat 200 Jahre nach Luther etwas zeigen wollen. Was erkennt ihr an seiner Darstellung Luthers? ☐ Vergleicht mit euren Ideen, Luther „ins Bild zu stellen".	*Methodenkompetenz: Bildbetrachtung* Eine Kompetenz, die Schülerinnen und Schüler im Laufe der Schulzeit entwickeln sollten, ist, **„Geschichtsbilder" kritisch zu hinterfragen.** Am Historiengemälde von Paul Thumann lässt sich sehr schön zeigen, dass Geschichtsbilder „Konstruktionen" sind und dass eine kritische Rezeption erforderlich ist.
II. Erarbeitung (1) Wir wollen dem Geschehen so nahe wie möglich kommen und schauen uns deshalb einige kurze Auszüge aus Quellentexten an. In ihnen werden die Positionen, die sich gegenüberstanden, deutlich. 1. Arbeitsauftrag vgl. **M 6.2** (EA) 2. Auswertung: Im Vortrag mit verteilten Rollen und Ergebnisse als TA / Folie.	Im Umgang mit den Quellen erfassen die Schülerinnen und Schüler die Konfliktstellungen und können Ursachen und Wirkung in historischen Entwicklungen beschreiben.
III. Vertiefung (1) Unterrichtsgespräch: Luther beruft sich auf sein Gewissen und will mit der Bibel widerlegt werden. Ein Ratgeber des Kaisers sagt: „Das Gewissen zählt nicht!" ☐ Nehmt Stellung zu der Äußerung und bedenkt dabei, welche grundsätzliche Gefahr der Ratgeber des Kaisers im Auge hat.	Dem Thema „Gewissen" sollte hier ein Gesprächsgang eingeräumt werden, weil es um eine Grundlage protestantisch-ethischen Argumentierens geht. Indem im Unterricht immer wieder auf wesentliche Denkfiguren und Modelle eingegangen wird, können Schülerinnen und Schüler **ethische Kompetenz** entwickeln.
IV. Erarbeitung (2) Das Ende des Prozesses: Das Wormser Edikt 1. Arbeitsauftrag (GA): Für den Glauben das eigene Leben aufs Spiel setzen? Vgl. (**M 6.3**) 2. Auswertung: Präsentation der Dialoge im Rollenspiel	*Aufgabenkultur* Der Arbeitsauftrag schult einerseits den genauen Umgang mit den Quellen, bewegt sich damit also auf der Ebene der Reproduktion, andererseits geht er darüber hinaus, indem mögliche Konsequenzen antizipiert werden. Die Schülerinnen und Schüler können auf diese Weise die existentielle Dramatik des historischen Konfliktes erfassen und darstellen.
V. Vertiefung (2) Historisch sind wir hier an einer Weichenstellung! Die Verfolgten müssen aufgeben oder sich schützen. Unterrichtsgespräch: ☐ Wäre hier eurer Meinung nach eine Spaltung der Kirche noch zu vermeiden gewesen?	

7. Stunde: Rückblick und Ausblick – Vertiefen und Üben

I. Einstieg / Hinführung zum Thema Wir haben uns in den letzten Stunden ausführlich mit Martin Luther und der Reformation beschäftigt. Eine Geschichte voll Spannung und Bewegung. Wir tragen heute zusammen, was ihr wisst und könnt, und überlegen dann, wie es weitergehen könnte. Unterrichtsgespräch: (**M 1.2**) Ausgehend vom AB **M 1.2** entsteht ein Unterrichtsgespräch: ☐ Welchen Weg sind wir gegangen? ☐ Wo stehen wir? (Evtl. könnte hier der Lernweg in Stichworten in einem Tafelbild festgehalten werden.)	Nach sechs Doppelstunden bedarf es unter lernpsychologischen Gesichtspunkten einer Unterbrechung, damit die Schülerinnen und Schüler nicht „im Stoff untergehen". Im Rückblick auf die Sequenz von sechs Stunden soll zum einen nachvollzogen werden, wie der Lernweg angelegt war (**Metakognition**), zum anderen soll Gelegenheit zum Üben und Vertiefen (**Nachhaltigkeit**) sein. Für den ersten Schritt wird der **Advance Organizer** herangezogen, das Üben und Vertiefen geschieht in einem zweiten Schritt.
II. Erarbeitung Wir wollen, was ihr bisher wisst und könnt, in einem Spiel zusammentragen, das dem Modell von „Tabu" folgt. Die erforderlichen Spielkarten müssen allerdings erst noch erstellt werden, das wird eure Aufgabe sein. 1. Arbeitsauftrag (GA): Aufgabe: (**M 7.1**) ☐ Ihr bekommt je drei Karten mit einem Begriff. Ergänzt zu diesem Begriff drei weitere, die wesentlich (!) zu diesem Thema gehören. 2. Auswertung: Spiel vgl. Tabu (**M 7.2**) Zwei Mannschaften spielen gegeneinander. Ein Spieler / eine Spielerin aus einer Mannschaft muss seiner Mannschaft Begriffe erklären. Jeder Begriff steht auf einer Karte, darunter sind die (im AA eben gefundenen) Wörter notiert, die der Spieler / die Spielerin bei seiner Erklärung nicht verwenden darf. Ziel ist es, in einer vorgegebenen Zeit möglichst viele Begriffe zu erklären. Zwei aus der anderen Mannschaft passen auf, dass der Spieler / die Spielerin nicht doch ein »verbotenes« Wort bei seiner Erklärung verwendet, sie schauen also mit ihm / ihr auf die Karte.	Der Arbeitsauftrag ist ein weiterer Schritt, die Schülerinnen und Schüler aktiv in den Umgang mit den bisher unterrichteten Inhalten einzubeziehen. *Tabu*
III. Vertiefung Unterrichtsgespräch: (**M 1.2**) Wir schauen nochmals auf das AB **M 1.2** und überlegen, wie wir weitermachen. Was steht an?	*Advance Organizer / Metakognition* Hier böte sich wieder die Gelegenheit, in einen kooperativen Planungsprozess mit den Schülerinnen und Schülern einzutreten. Welche Interessen liegen vor? Auf welchem Wege könnte diesen Interessen nachgegangen werden? (Vgl. dazu die 1. Stunde.)

Stundenübersicht

8. Stunde: Sola Scriptura – Allein die Schrift

I. Einstieg Arbeitsauftrag oder Unterrichtsgespräch: Bedeutung der Bibel in der evangelischen Kirche ☐ Du wirst, wenn du dich konfirmieren lässt, eine Bibel geschenkt bekommen. Überlege, zu welchen Gelegenheiten bzw. in welchen Situationen du sie später einmal in die Hand nehmen könntest. ☐ Suche eine Erklärung dafür, warum das Geschenk einer Konfirmandenbibel in evangelischen Gemeinden üblich ist?	Die meisten evangelischen Schülerinnen und Schüler dieses Alters sind im Konfirmandenunterricht. Die **Anforderungssituation** greift eine Frage auf, die in diesem Zusammenhang auftaucht.
II. Erarbeitung „Sola scriptura" war eine der wichtigsten Grundeinsichten für Martin Luther. Er hat seine Überzeugungen mit der Hl. Schrift begründet und er wollte in Worms mit der Bibel widerlegt werden. Das hört sich sehr einfach an, war es aber nicht. Im Gegenteil, damit waren zahlreiche Fragen und Probleme verbunden: 1. Wer **kann** die Bibel **lesen**? 2. Wer **kann sich** eine Bibel **leisten**? 3. Wer **darf** die Bibel **auslege**n? Wer darf entscheiden, wie wir die Bibel verstehen sollen? Martin Luther und weitere Reformatoren haben die Probleme gesehen und Wege gesucht, die Bibel auch einfachen Menschen zugänglich zu machen. 1. Arbeitsauftrag: (PA) (**M 8.1**) Aufgabe: ☐ Versetzt euch in die Lage der Reformatoren und entwickelt Ideen, was man tun könnte, um möglichst vielen Menschen, so wie ihr es heute kennt, die Bibel zugänglich zu machen. 2. Auswertung: Ideen werden zusammengetragen und als TA festgehalten. ☐ Z.B. die Bibel übersetzen, Schulen einrichten und dafür sorgen, dass die Menschen lesen lernen, Bibeln in größerer Zahl drucken lassen, statt einer Lehrautorität sollen viele mitsprechen können, …	Schülerinnen und Schüler erfassen hier, dass sich im Zusammenhang mit dem reformatorischen Prinzip zahlreiche Fragen und Probleme auftun, die im weiteren Verlauf der Geschichte nicht nur theologische, sondern auch gesellschaftliche und politische Reformbewegungen nach sich ziehen, hier z.B. das Schulwesen. Sie können Ursachen und Wirkungen in historischen Entwicklungen beschreiben.
III. Vertiefung Martin Luther macht sich an die Arbeit und übersetzt in seiner Zeit auf der Wartburg das Neue Testament. 1. Lehrervortrag zur Einbettung der Bibelübersetzung in Luthers Biographie. 2. Arbeitsauftrag: (GA) (**M 8.2**) ☐ Werbeflugblatt für das neu erschienene „Septembertestament" entwerfen. 3. Auswertung: ☐ Flugblätter werden im Klassenzimmer aufgehängt. In einem Gallery-Walk werden sie betrachtet und besprochen, anschließend durch Vergabe von Klebepunkten die besten ausgewählt.	Die Aufgabenstellung leitet Schülerinnen und Schüler dazu an, die Bedeutung von Luthers Übersetzung der Bibel ins Deutsche erklären zu können.

9. Stunde: Martin Luther übersetzt die Bibel aus den Ursprachen ins Deutsche

I. Einstieg: 1. Wiederholung / Schülervortrag: Martin Luther übersetzt das NT auf der Wartburg. Alternativer Einstieg: LV / UG: Ausschnitt aus Interlinearübersetzung (**M 9.1**) ☐ Was fällt auf? ☐ Kurze Erläuterung: Interlinearübersetzung. Ihr habt Erfahrung mit Übersetzungen und könnt es besser! 2. Arbeitsauftrag: ☐ Korrigiert den Text und bringt ihn in eine gut verständliche Form. ☐ Schreibt ihn in schöner Schrift in euer Heft. 3. Auswertung: Schülerinnen und Schüler tragen ihre Übersetzungen vor und vergleichen.	*Anforderungssituation* Der Einstieg wirft die Frage nach einer guten Übersetzung auf und knüpft damit an eine Problemstellung an, mit der Schülerinnen und Schüler im Alltag des Fremdsprachenunterrichts immer wieder beschäftigt sind. ○ zwischen die Zeilen geschriebene wörtliche Übersetzung
II. Erarbeitung 1. Arbeitsauftrag: (PA) Überlegt zusammen mit einem Mitschüler / einer Mitschülerin, worauf es eurer Meinung nach bei einer guten und ansprechenden Übersetzung ankommt. Schreibt zwei Richtlinien auf (zwei Kärtchen). 2. Auswertung (1): Schüler/innen lesen ihre Übertragung vor und erklären, worauf sie geachtet haben. Mitschüler/innen äußern, was ihnen an den Ergebnissen der anderen auffällt. 3. Auswertung (2): Kärtchen mit „Richtlinien" werden an die Tafel gebracht. Im UG werden die drei wichtigsten bestimmt.	In der **Aufgabenstellung** wird nach unterschiedlichen Anforderungsniveaus differenziert. Im 1. Schritt überarbeiten die Schülerinnen und Schüler die Vorlage und im 2. Schritt formulieren sie auf der Metaebene ihre Kriterien.
III. Vertiefung (1) Wir haben festgestellt, dass Übersetzen ein anspruchsvolles und manchmal mühsames Geschäft ist, wenn man sich um treffende Formulierungen bemüht. Von Martin Luther wird erzählt, dass er einem Metzger beim Zerlegen eines Hammels über die Schulter geschaut habe, um treffende Formulierungen für die Übersetzung eines biblischen Textes zu finden! 1. UG / TA: ➤ Wie kommt ein gelehrter Professor auf diese Idee? ➤ Welche „Richtlinien" könnten wir hier ergänzen? ➤ Volksnah, anschaulich, alltagsnah, … Luther war mit den deutschen Übersetzungen, die es zu seiner Zeit gab, unzufrieden. Er wollte „dem Volk aufs Maul schauen", so schreiben, dass auch einfache Menschen die biblischen Texte verstehen konnten. 2. Arbeitsauftrag (PA): (**M 9.2**) Wir schauen uns ein sehr bekanntes Beispiel an. Die ersten Verse seiner Übersetzung des Psalms 23; Auftrag: vgl. **M 9.2** Aufgabe 1 und 2. Fakultativ: Aufgabe 3 oder 4 3. Auswertung im Unterrichtsgespräch 4. Vertiefung im Unterrichtsgespräch: Wenn ihr eure Kriterien für Übersetzungen anschaut und diese mit Martin Luthers Übersetzung des Psalms 23 vergleicht, seid ihr dann zufrieden mit seiner Arbeit?	Das hier eingesetzte Material (**M 9.2**), die Übersetzung von Ps 23 von Koberger und Luther im Vergleich, ist an vielen Stellen veröffentlicht. Es wird hier aufgenommen, um am alt vertrauten Text Neues entdecken zu können, nämlich die Bedeutung der theologischen Überzeugungen Luthers für seine Übersetzung. *Die Aufgabenstellung* Aufgabe 1 ist die Grundlage für die beiden nächsten Aufgaben. Aufgabe 2 hat den Fokus auf Luthers Gottesbild. Die Herausforderung dieser Aufgabe besteht darin, mit dem abstrakten Begriff „Gottesbild" umzugehen und eine Verbindung herzustellen zu Luthers reformatorischer Erkenntnis vom gnädigen und barmherzigen Gott. *Binnendifferenzierung* Aufgabe 3 verlangt, Zusammenhänge zu erkennen und Beziehungen zu bereits Bekanntem herzustellen, und unterstützt damit nachhaltiges Lernen. Aufgabe 4 erfordert ebenfalls die Fähigkeit, bereits Gelerntes auf ein anderes Beispiel zu beziehen.

Stundenübersicht

10. Stunde: Katharina von Bora

I. Einstieg 1. Unterrichtsgespräch (**M 1.2**): Wir haben inzwischen schon viel zu Luther und der Reformation gearbeitet. Wir nehmen unser AB der ersten Stunde zur Hand und schauen uns an, wo wir stehen und was wir noch vorhaben. ☐ Gespräch über einzelne Stationen der Einheit, **Katharina von Bora** wurde noch nicht angesprochen. 2. Überleitung: Unterrichtsgespräch Wir befinden uns inzwischen im Jahr 1525. Martin Luther ist über 40 Jahre alt. Viele seiner Mitstreiter haben ihre Mönchskutte abgelegt und sind verheiratet. Nur Luther selbst hat keine Frau und das, obwohl er dafür eintritt, dass Mönche und Nonnen das Kloster verlassen. Ihr könnt euch vorstellen, dass es einige Spekulationen und Versuche gab, ihn zu verkuppeln! Arbeitsauftrag: ☐ Wir sammeln an der Tafel Stichwörter für eine Kontaktanzeige, in der eine Frau für Martin Luther gesucht wird. Aus der Anzeige soll hervorgehen, wie eine künftige „Frau Luther" sein sollte. Im Juli 1525 schließlich ist es soweit: Martin Luther wagt das Ungeheuerliche: Er heiratet Katharina von Bora, eine entlaufene Nonne.	*Advance organizer* Hier wird die Gelegenheit genutzt, im Rückblick auf die bisherigen Ergebnisse zu schauen und zu überprüfen, was noch ansteht.
II. Erarbeitung 1. Bildbetrachtung: (**M 10.1**) ☐ Beschreibt, was ihr seht! ☐ Deutet eure Beobachtungen! 2. Unterrichtsgespräch: L. Cranach hat auf dem Gemälde eine entlaufene Nonne und einen geächteten Mönch als bürgerliches Ehepaar dargestellt. Versetzt euch in die Lage eines zeitgenössischen Betrachters. Was vermutet ihr, wie das Bild bei den Leuten ankam? 3. Unterrichtsgespräch: (TA) ☐ Wir lernen Katharina von Bora kennen. Dazu tragen wir zunächst zusammen, was ihr bereits über sie wisst. ☐ Wir nähern uns der Person, indem wir Fragen stellen. Diese halten wir auf Kärtchen fest. Welche könnten das sein? ➢ Wer war sie? (Daten zu Person) ➢ Warum ist sie aus dem Kloster geflohen? Wie ist sie geflohen? ➢ Wie hat sie Luther kennengelernt? Wie hat die Familie Luther gelebt? 4. Arbeitsauftrag (EA): Wer war Katharina von Bora? (**M 10.2**) 5. Auswertung: Einige Schüler/innen tragen die Geschichte der Katharina von Bora frei vor.	*Methodische Kompetenz* *Lernstandserhebung* Vermutlich wissen einige Schülerinnen und Schüler, dass Katharina von Bora Nonne war und geflohen ist. Die Lernstandserhebung erfolgt knapp im UG. *Metakognition* An dieser Stelle kann gelernt werden, wie man sich in ersten Schritten einer historischen Person nähert bzw. wie die Erarbeitung strukturiert werden kann (vgl. 1.Stunde).
III. Vertiefung (1) 1. Aufgaben zur Vertiefung: ☐ Flucht aus dem Kloster – Dialog (**M 10.2**) ☐ Die entlaufene Nonne – Zeitgenössische Kritik (**M 10.3**) ☐ Eine Liebesheirat – Eigene Vorstellungen und die Luthers (**M 10.4**) 2. Auswertung: Gruppen tragen ihre Ergebnisse jeweils wechselseitig vor.	*Binnendifferenzierung* Von hier aus können unterschiedliche Wege eingeschlagen werden: Schülerinnen und Schüler arbeiten in arbeitsteiligen Gruppen an Materialien zu vier Themen.
IV. Vertiefung (2) Unterrichtsgespräch: Wir kehren nochmals zurück zu den Stichworten der „Kontaktanzeige" und vergleichen sie mit Katharina von Bora, wie wir sie kennengelernt haben. Evtl. als schriftliche Hausaufgabe.	

11. Stunde: Martin Luther und der Bauernkrieg

I. Einstieg: (UG) Bildbetrachtung: Sermon, gepredigt vom Bauern (**M 11.1**) ☐ Beschreiben: Person spricht zu anderen, erhoben, Hacke als Symbol für Bauern ☐ Deuten: hierzu Fokus auf den Aspekt: der predigende Bauer und Entstehung des Bildes 1524/25! Erstarktes Selbstbewusstsein? Implizite Kritik?, etc.	Das Bild führt die Schülerinnen und Schüler ins Zentrum der Problemstellung dieser Stunde. Scheinbar verkehrte Welt, der predigende Bauer? Was sind die Hintergründe, für solch eine Darstellung?
II. Erarbeitung Wir schauen uns genauer an, wie die Situation der Bauern war und welche Forderungen sie gestellt haben. Die bekannteste Quelle dazu sind die sog. „12 Artikel der Bauern", die im Februar 1525 in Memmingen verfasst wurden. 1. Gemeinsame Lektüre der „12 Artikel" (**M 11.2**) 2. Arbeitsauftrag (PA): ☐ Fertigt eine Protestliste an, in der ihr die Forderungen der Bauern in eigenen Worten festhaltet. Formuliert zu jedem Artikel eine Forderung in einem Satz, beginnend mit: „Wir fordern …" ☐ Unterstreicht in den Artikeln die Sätze, in denen ihr Gedanken der Reformatoren erkennt. ☐ **Zusatzaufgabe**: Berichte aus dem Leben der Bauern (vgl. **M 11.2**) 3. Auswertung: ☐ Mehrere Schülerinnen und Schüler präsentieren ihre Ergebnisse zu den ersten beiden Aufgaben. (Wenn möglich, zwei Protestlisten exemplarisch auf Folie / Plakat) ☐ Die Ergebnisse der „Berichte von Bauern" können z.B. in Form eines Interviews vorgetragen werden. 4. Unterrichtsgespräch: Wir kennen nun einige Forderungen der Bauern und wollen überlegen, wie Luther sich dazu geäußert haben könnte. ☐ Formuliert eure Einschätzung, wie Martin Luther reagiert haben könnte? Evtl. in Pro- und Contradiskussion abwägen, ob Luther sich auf die Seite der Bauern stellen wird?)	*Kognitive Aktivierung* Neben der zur Sicherung der Sachkenntnis wichtigen Reproduktionsaufgabe geht es hier vor allem darum, dass die Schülerinnen und Schüler ihre bisherigen Kenntnisse über die Reformation anwenden können! Insofern ist die 2. Aufgabe des Arbeitsauftrages besonders wichtig! *Binnendifferenzierung* Die Zusatzaufgabe ist in besonderer Weise darauf angelegt, sich die **Lebensumstände früherer Zeiten zu erschließen**. Sie geht insofern über die 1. Aufgabe hinaus, als hier in kreativer Umsetzung historische Lebensbedingungen anschaulich werden.
III. Vertiefung Wir untersuchen dazu zwei Texte, die Luther im Frühjahr 1525 verfasst hat. 1. Arbeitsauftrag (arbeitsteilige GA): Aufgabe vgl. **M 11.3** ☐ Gruppe 1 „Ermahnung zum Frieden" ☐ Gruppe 2 „Wider die räuberischen und mörderischen Rotten" 2. Auswertung: ☐ Sucht euch Partner, die zum anderen Text gearbeitet haben, und tauscht euch über eure Arbeitsergebnisse aus. 3. Unterrichtsgespräch: Ein früherer Mitstreiter hat Martin Luther nach den Ereignissen im Bauernkrieg einen „Fürstenknecht" genannt. ☐ Erklärt auf dem Hintergrund dessen, was ihr inzwischen über Luthers Haltung im Bauernkrieg wisst, was er damit gemeint haben könnte? ☐ Würdet ihr dem zustimmen? **Alternativ:** 3. Unterrichtsgespräch über **M 11.4** „Luther predigt gegen den Bauernkrieg" ☐ Wir tragen zusammen, was wir auf dem Bild sehen, Luthers Haltung, die Reaktion der Bauern, Stimmung, etc. ☐ Entspricht die Darstellung Luthers dem, was ihr erarbeitet habt?	*Kognitive Aktivierung* Die Auswertung im Unterrichtsgespräch dient der Reorganisation der erarbeiteten und ausgetauschten Ergebnisse.
IV. Abschließende Bewertung Wir haben in der Beschäftigung mit dem Bauernkrieg M. Luther von einer Seite kennengelernt, die wir so noch nicht kannten. Arbeitsauftrag: Sich positionieren. Wenn ihr seine Haltung im Bauernkrieg auf einer Skala bewerten solltet, wo würdet ihr ihn ansiedeln? Schülerinnen und Schüler stellen sich im Klassenraum entsprechend einer imaginierten Linie von positiv nach negativ auf. Im anschließenden UG werden die „Stellungnahmen" begründet und ins Gespräch gebracht.	Eine wichtige Kompetenz, die Schülerinnen und Schüler im Laufe ihrer Schulzeit erwerben sollten, ist die **kritische Rezeption historischer Gestalten und Entwicklungen**. Luthers Haltung und Rolle im Bauernkrieg war zwiespältig. Dies sollte im Unterricht nicht verschwiegen werden. Deshalb wird hier darauf geachtet, dass die Schülerinnen und Schüler sich selbst ein Urteil bilden.

Stundenübersicht

12. Stunde: Martin Luther und die Schule

I. Einstieg 1. Bildbetrachtung: Schule im 16. Jahrhundet (**M 12.1**) (UG) ➢ Wie sah Schule zu Luthers Zeit aus? ➢ Was können wir dazu auf dem Bild entdecken? Rute, Schläge, unterschiedliche Lerngruppen in einem Raum, nur Jungs, Lehrer als Respektsperson, belehrender Unterricht, ... 2. Luther hat, wie er später immer wieder erzählt hat, sehr unter seiner Schulzeit gelitten. Bevor wir uns jedoch mit seinen Überlegungen beschäftigen, seid ihr als Fachleute für Schule gefragt. Ihr kennt unsere Schule mit ihren Stärken und Schwächen seit vielen Jahren und könnt deshalb zu drei wesentlichen Fragen, die Luther beschäftigt haben, Auskunft geben. 3. Arbeitsauftrag: Aufgabe vgl. **M 12.2** 4. Auswertung: Einige Schülerinnen und Schüler tragen ihre Ergebnisse vor.	Auch hier geht es, wie schon in anderen Stunden, darum, dass die Schülerinnen und Schüler lernen, **Fragen der Geschichte ins Heute zu übersetzen und umgekehrt, heutige Fragen in der Geschichte zu entdecken.** Bevor auf die Bedeutung der Bildung für die Reformatoren eingegangen wird, werden die Schülerinnen und Schüler selbst als „Experten" herangezogen. Dazu dient der Fragebogen (**M 12.2**). **Metakognition**
II. Erarbeitung Im großen Umbruch vom ausgehenden Mittelalter in eine neue Epoche geriet auch das überkommene Schulwesen in eine schwere Krise. Dort, wo als Folge der Reformation die Klöster und Stifte aufgelöst wurden, fielen die wirtschaftlichen Grundlagen der Schulen weg. Martin Luther wusste, dass Menschen Bildung brauchen, um sich aus Abhängigkeit und Armut zu befreien, und dass es gebildeter Menschen bedurfte, um das Land, die Städte und die Kirche zu leiten. Deshalb hat er früh gesehen, dass er hier etwas unternehmen musste. Er hat sich an die Ratsherren der deutschen Städte gewandt. Schon das Bild des Titelblattes zu dieser Schrift zeigt, dass er andere Vorstellungen von Schule hatte. 1. UG: Beschreibt Luthers Vorstellungen und vergleicht diese mit dem Bild vom Anfang (**M 12.3**): Jungen und Mädchen, getrennt voneinander, keine Rute, Bücher, ... 2. Arbeitsauftrag: (PA) Wir schauen uns an, was er von den Ratsherren fordert. ☐ Aufgaben vgl. **M 12.4** 3. Auswertung: ☐ Aufgabe 1: Ergebnisse werden vorgetragen und auf Folie festgehalten. ☐ Aufgabe 2: Slogans für Bildung werden vorgetragen. Evtl. auf Plakat festgehalten, um im Klassenzimmer zu verbleiben.	*Kognitive Aktivierung* **(Aufgabenformate)** Über die Erarbeitung der Position Luthers hinaus geht es hier darum zu erkennen, welche Bedeutung Bildung damals für die Reformation gehabt hat und letztlich bis heute hat. Dies soll mit Aufgabe 2 deutlich werden.
III. Vertiefung 1. Arbeitsauftrag: ☐ Sucht euch zwei Mitschüler/innen und vergleicht Luthers Forderungen mit euren Antworten auf dem Arbeitsblatt **M 12.2**. Worin stimmt ihr ihm zu und worin unterscheidet ihr euch? 2. Auswertung im UG	

13. Stunde: Reformation im Kirchenraum

I. Einstieg Stellt euch vor, ihr seid in den Ferien mit euren Eltern unterwegs in einer fremden Stadt. Ihr schlendert durch eine schöne Fußgängerzone, kommt an einen Marktplatz und da steht auch eine Kirche. Ihr ahnt schon, was auf euch zukommt: Eure Eltern sind unermüdliche Kirchengucker! Eine der ersten Fragen lautet: Eine evangelische oder katholische Kirche? Ihr seid informiert! Woran würdet ihr erkennen, ob es sich um eine evangelische oder katholische Kirche handelt? (UG)	Zum Abschluss der Unterrichtssequenz soll das Gelernte nochmals in einem neuen Zusammenhang angewendet werden. Die erworbenen Kenntnisse und Fähigkeiten werden in einer konstruierten **Anforderungssituation** angewendet und nachhaltig vertieft.
II. Erarbeitung Der Kirchenraum hat sich durch die Reformation verändert. So wie man in eurem Zimmer Gegenstände, Bilder, Texte finden kann, die euch wichtig sind, kann man auch im Kirchenraum entdecken, was bedeutsam für den Glauben der jeweiligen Konfession ist. 1. Arbeitsauftrag: Kirche „einrichten" (Vgl. **M 13.1**) (GA) 2. Auswertung in einer Ausstellung der Entwürfe und einem Gallery-Walk, verbunden mit Gesprächen über die einzelnen Entwürfe und die Umsetzung der „Reformation im Kirchenraum".	Der **Arbeitsauftrag** verlangt eine Begründung für die Auswahl der Gegenstände und fordert damit auf, die in der Einheit erworbenen Kenntnisse in einem anderen Zusammenhang auszuweisen. Je nachdem, wie viel Zeit hierfür anberaumt wird, kann das Material, das zur Verfügung gestellt wird, variieren von großen Plakaten und Stiften bis hin zu Bildern, Pappe und weiteren Materialien, so dass plastisch gestaltete Innenräume entstehen können.
III. Abschließende Bündelung (auch als Alternative zu „Kirche einrichten") 1. „Martin Luther und die Reformation" – Was ich gelernt habe (**M 1.2**) AA / GA: Wir nehmen uns nochmals den Überblick **M 1.2** vor. Ihr müsstet nun zu jedem Bild und Stichwort einige Kenntnisse zusammentragen können. 2. Arbeitsauftrag (GA): Ihr bekommt die Bilder und Begriffe (**M 13.2**), dazu ein DIN A3-Blatt. Ordnet (und klebt) die Bilder und Begriffe so, dass Zusammenhänge und Verbindungen ersichtlich werden, verfasst Überschriften, erstellt Skizzen, notiert kurze Erklärungen und Stichworte. Perfekt wäre euer Werk, wenn darauf alles zu finden wäre, was ihr z.B. für eine Präsentation zum Thema oder eine Klassenarbeit als „Spickzettel" bräuchtet!	Im Sinne der **Nachhaltigkeit und der Reflexion des Lernweges** geht es in einer abschließenden Übung darum, dass die Schülerinnen und Schüler benennen, welche Kenntnisse und Fähigkeiten sie in der Einheit erworben haben. Das Strukturlegen dient der individuellen Ordnung und nachhaltigen Vertiefung. Es entsteht eine „kognitive Landkarte", die eine abschließende Gesamtschau auf das Thema ermöglicht.

Stundenübersicht

M 1.1 „... oder kannst du mir erklären, warum es die evangelische Kirche gibt?"

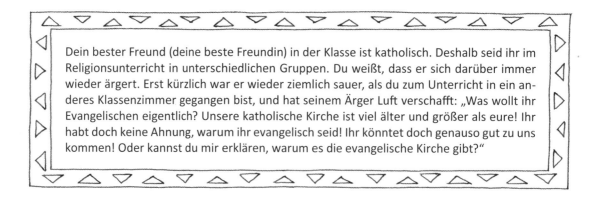

Dein bester Freund (deine beste Freundin) in der Klasse ist katholisch. Deshalb seid ihr im Religionsunterricht in unterschiedlichen Gruppen. Du weißt, dass er sich darüber immer wieder ärgert. Erst kürzlich war er wieder ziemlich sauer, als du zum Unterricht in ein anderes Klassenzimmer gegangen bist, und hat seinem Ärger Luft verschafft: „Was wollt ihr Evangelischen eigentlich? Unsere katholische Kirche ist viel älter und größer als eure! Ihr habt doch keine Ahnung, warum ihr evangelisch seid! Ihr könntet doch genauso gut zu uns kommen! Oder kannst du mir erklären, warum es die evangelische Kirche gibt?"

Aufgabe:

➢ Versetze dich in die Situation dessen, der im Beispiel gefragt wird, warum es die evangelische Kirche gibt. Formuliere eine Antwort auf dem Hintergrund deines bisherigen Wissens.

M 1.2 **Martin Luther und die Reformation**

Wir werden uns in den nächsten Wochen mit Martin Luther und der Reformation beschäftigen. Da du vermutlich im Laufe deiner Schulzeit schon etwas über ihn gehört hast, weißt du bereits einiges über ihn. Mich interessiert, was du weißt und welche Fragen du hast bzw. was du von und an Martin Luther lernen könntest. Lass dich von den Bildern anregen.

Martin Luther

Das weiß ich: _____

Papst Leo X.

Kaiser Karl V.

Katharina von Bora

Freiheit *Evangelium*

Das interessiert mich besonders: _____

Die Wartburg

Gewissen

Schule um 1500

Predigender Bauer

23

M 2.1 — Ein neues Zeitalter bricht an

„Er veränderte die Welt für immer" lautet der Untertitel eines Filmes über Martin Luther und erweckt damit den Eindruck, dass die weitreichenden Folgen der Reformation allein dieser einen Person zugeschrieben werden könnten. Ohne Zweifel haben Martin Luthers Auftreten, seine Reden, Schriften und Predigten das Zeitalter der Reformation und der Neuzeit bis heute entscheidend geprägt.

Dennoch müssen wir weitere Faktoren, die die Zeit um 1500 zu einer Zeit des Umbruchs und Aufbruchs, verbunden mit neuen Machtkonstellationen, Hoffnungen und Ängsten, gemacht haben, in den Blick nehmen.

Martin Luther wurde 1483 geboren. Als er neun Jahre alt war, entdeckte Christoph Kolumbus auf der Suche nach einem Seeweg nach Indien einen bis dahin unbekannten neuen Kontinent, Amerika. Die Welt wurde „größer", unbekannte Länder und Ziele taten sich auf.

Etwa zur gleichen Zeit wie Martin Luther lebte Nikolaus Kopernikus, ein angesehener Mathematiker und Astronom, der die Lehrmeinung, dass die Erde im Mittelpunkt des Planetensystems stehe und die anderen Gestirne sich um sie drehten, widerlegte und zeigte, dass die Erde ein Planet ist wie andere auch. Solche Entdeckungen übten eine Faszination aus, zugleich jedoch brachten sie alte Weltbilder ins Wanken und trugen zur Verunsicherung der Menschen bei.

Entscheidend für die Verbreitung der neuen Ideen war die Erfindung des Buchdrucks durch Johannes Gutenberg um das Jahr 1450. Davor mussten Bücher in mühevoller Arbeit von Hand abgeschrieben werden. Das dauerte lange. Bücher waren deshalb selten und sehr teuer. Nur Geistliche, vor allem in den Klöstern, Gelehrte an den Universitäten und gebildete Adlige konnten lesen. Gutenberg war es gelungen, Druckvorlagen mit beweglichen Buchstaben aus Metall, die immer wieder verwendet werden konnten, zu schaffen. Diese Erfindung ermöglichte eine erheblich günstigere und schnellere Herstellung von Büchern und Schriften. Mit der Ausweitung des Buchdrucks hatten auch immer mehr Menschen die Chance, Lesen und Schreiben zu lernen. Flugblätter erschienen und informierten über die aktuellen Neuigkeiten. So konnten sich die neuen Gedanken in kurzer Zeit verbreiten.

Zwar wurde Deutschland von einem Kaiser regiert, dieser hatte allerdings politisch nur begrenzten Einfluss, weil er kein eigenes Heer und wenig Einkünfte hatte. An die Stelle der mittelalterlichen Ritterarmeen waren kostspielige Söldnerheere getreten, die bezahlt werden mussten. Einflussreich und an vielen Orten die mächtigsten Regenten waren die Fürsten, dazu kamen freie Reichsstädte, die sich ihre Ordnung selbst gaben. Der Kaiser hielt am katholischen Glauben fest und sah sich dem Papst und Rom eng verpflichtet. Von diesem Einfluss der Kirche wollten sich Städte und Fürstentümer frei machen und förderten auch deshalb die Ausbreitung der Reformation gegen den Kaiser und den Papst.

Die Aufbruchstimmung im ausgehenden Mittelalter ging einher mit Unsicherheit, Angst und Endzeitstimmung. Die Menschen hatten Angst vor Kriegen, Hungersnöten, vor Krankheiten und Seuchen wie der Pest. Sie sahen darin den Zorn Gottes über die Sünden der Menschen. Überall wähnte man den Teufel am Werk. Durch grausige Darstellungen von der Endzeit und vom Jüngsten Gericht, in dem es um Himmel oder Hölle und Fegefeuer ging, wurden die Ängste vieler Menschen geschürt.

Man suchte durch religiöse Leistungen das eigene Seelenheil zu retten, indem man Heilige und ihre Reliquien verehrte, sich unter Entbehrungen auf Wallfahrten begab oder einen Ablass, d.h. einen Erlass von Sündenstrafen gegen Bezahlung einer päpstlichen Gebühr, erwarb.

Aufgabe:

➢ Erstellt ein Mindmap zum Thema „Ein neues Zeitalter bricht an", aus dem ersichtlich wird, wodurch der Übergang vom ausgehenden Mittelalter in die Neuzeit geprägt war.

M 2.2 — Frömmigkeit im ausgehenden Mittelalter
Zwischen Jenseitshoffnung und Höllenangst

Das Leben der Menschen zu Beginn des ___ _____ war geprägt von Kriegen, Naturkatastrophen, Hungersnöten, Krankheiten und Epidemien wie der Pest. Nach damaligem Verständnis waren Leid und Elend eine _____ _____ für begangene Sünden. Die Beziehung zu Gott war von _____ geprägt, denn Gott galt als strenger Richter. In zahlreichen Bildern, Predigten und Erzählungen wurden den Gläubigen die Schrecken des

5 _____ _____ ausgemalt. Die Ankündigung teuflischer Qualen und Martern in _____ und Hölle schürte Angst und Verzweiflung.

„Was können wir tun, dass wir gerettet werden?", fragten die Gläubigen und suchten Wege, für das Jenseits vorzusorgen und die eigenen Sünden zu Lebzeiten zu bereinigen.

Weit verbreitet waren _____ . Die Pilger wanderten oft unter beschwerlichen Bedingungen zu Fuß zu Or-
10 ten, an denen Zeichen und Spuren von _____ aufgetaucht waren. Dort erflehten sie Hilfe für Leib und Seele.

Wer es sich leisten konnte, kaufte _____ , in denen, im Namen eines vom Papst beauftragten Bischofs oder Kardinals, den Käufern ein Nachlass zeitlicher Sündenstrafen, also eine Verringerung der Zeit im Fegefeuer*, zugesichert wurde.

Eine ähnlich wichtige Bedeutung hatten der Besitz und die Verehrung von _____ . Das waren körperliche
15 Überreste oder Gegenstände aus dem persönlichen Besitz von Heiligen.

Überhaupt spielte die Verehrung von Heiligen, besonders die Marienanbetung, im ausgehenden Mittelalter eine große Rolle. _____ galten als Vorbilder, zugleich aber erhoffte man sich durch ihre Anrufung _____ ___ _____ vor Gott.

Aufgabe:

➤ Vervollständige den Text, indem du die passenden Lückenwörter einfügst. Vorsicht, es sind mehr Wörter vorgegeben als Lücken zu füllen sind!

Klöster, Heilige, Wallfahrten, Mönche, Fegefeuer, Reliquien, 16. Jahrhundert, Ablässe, Angst, Propheten, Jüngstes Gericht, Kreuzzüge, Strafe Gottes, Vermittlung und Fürsprache

---

* Fegefeuer: Ort der „Reinigung" nach dem Tod, in den diejenigen kommen, die zwar in den Himmel aufgenommen werden, aber noch einer Reinigung von ihren Sünden bedürfen. Menschen auf Erden können für die armen Seelen im Fegefeuer beten. Dadurch kann die Reinigung beschleunigt bzw. abgekürzt werden.

M 3.1 **Rembrandt, Heimkehr des verlorenen Sohnes**

Auf Seite 59 ist ein weiteres Gemälde von Rembrandt zum verlorenen Sohn in Farbe abgebildet.

M 3.2 — Martin Luthers Gottesbild verändert sich

1. Nun freut euch, liebe Christen g'mein,
Und lasst uns fröhlich springen,
Dass wir getrost und all' in ein
Mit Lust und Liebe singen,
Was Gott an uns gewendet hat,
Und seine süße Wundertat;
Gar teu'r hat er's erworben.

2. Dem Teufel ich gefangen lag,
im Tod war ich verloren.
Mein' Sünd' mich quälte Nacht und Tag,
darin ich war geboren.
Ich fiel auch immer tiefer drein.
Es war kein Gut's am Leben mein.
Die Sünd' hatt' mich besessen.

3. Mein' guten Werk', die galten nicht.
Es war mit ihn'n verdorben.
Der frei' Will' hasste Gott's Gericht.
Er war zum Gut'n erstorben.
Die Angst mich zu verzweifeln trieb,
dass nichts denn Sterben bei mir blieb,
zur Hölle musst ich sinken.

4. Da jammert' Gott in Ewigkeit.
Mein Elend übermaßen.
Er dacht' an sein' Barmherzigkeit,
er wollt' mir helfen lassen.
Er wandt' zu mir das Vaterherz,
es war bei ihm fürwahr kein Scherz.
Er ließ's sein Bestes kosten.

5. Er sprach zu seinem lieben Sohn:
„Die Zeit ist hier zu erbarmen.
Fahr hin, mein's Herzens werte Kron',
und sei das Heil dem Armen
und hilf ihm aus der Sünden Not,
erwürg' für ihn den bittern Tod
und lass ihn mit dir leben!"

7. Er sprach zu mir: „Halt dich an mich.
Es soll dir jetzt gelingen.
Ich geb' mich selber ganz für dich,
da will ich für dich ringen.
Denn ich bin dein, und du bist mein
und wo ich bleib', da sollst du sein.
Uns soll der Feind nicht scheiden."

EG 341

Aufgabe:

➤ Erstellt zu eurer Strophe ein Standbild, in dem zum Ausdruck kommt, wie sich Martin Luther erlebt und wie seine Beziehung zu Gott aussieht.

Geht folgendermaßen vor:
1. Lest zunächst alle Verse, klärt die Textstellen, die euch unklar sind.
2. Fasst anschließend zusammen, wie sich Luthers Glaube und Gottesbild verändert, und besprecht das in der Gruppe.
3. Nehmt euch dann eure Strophe vor und gestaltet ein Standbild, in dem zum Ausdruck kommt, wie Luther sich selbst und seine Beziehung zu Gott erlebt.

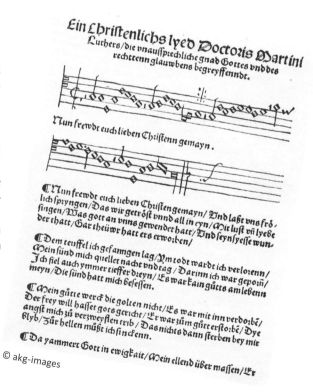
© akg-images

M 4.1 „Reformationstag" – Martin Luthers 95 Thesen

1. Da unser Herr und Meister Jesus Christus spricht: Tut Buße! (Mt 4,17), will er, dass das ganze Leben seiner Gläubigen eine stete und unaufhörliche Buße sein soll.

21. Daher irren all die Ablassprediger, welche erklären, dass der Mensch durch den Ablass des Papstes von jeder Strafe los und frei werde.

32. Diejenigen werden samt ihren Meistern in die ewige Verdammnis fahren, die vermeinen, durch Ablassbriefe ihrer ewigen Seeligkeit gewiss zu sein.

36. Ein jeder Christ, der wahre Reue und Leid hat über seine Sünde, hat völligen Erlass von Strafe und Schuld, der ihm auch ohne Ablassbrief zuteil wird.

43. Man soll die Christen lehren, dass, wer den Armen gibt oder dem Dürftigen leiht, besser tut, als wenn er Ablass löst.

50. Man soll die Christen lehren: Wenn der Papst wüsste, wie die Ablassprediger das Geld erpressen, würde er die Peterskirche lieber zu Asche verbrennen, als sie mit Haut, Fleisch und Knochen seiner Schafe aufzubauen.

62. Der wahre Schatz der Kirche ist das allerheiligste Evangelium von der Herrlichkeit und der Gnade Gottes.

Aufgabe:

➢ Lies die Thesen und formuliere dann zusammen mit deinem Nachbarn / deiner Nachbarin in eigenen Worten, was Luther hier schreibt.

Aufgabe:

> Stelle dir vor, du hättest in den Tagen im Oktober / November 1517 vor der Türe der Schlosskirche in Wittenberg gestanden und die Thesen gelesen. Es hat sich wie ein Lauffeuer herumgesprochen, dass Martin Luther sich mit den Ablasspredigern angelegt hat. Deshalb stehen auch noch andere Menschen da. Einige sind ziemlich aufgebracht, andere neugierig. Viele können allerdings nicht lesen und sind darauf angewiesen, dass ihnen erklärt wird, was Luther hier veröffentlicht hat. Sie haben viele Fragen.
>
> Du wirst in ein Gespräch verwickelt und bemühst dich, ihre Fragen zu beantworten.

„Gestern erst habe ich einen Ablass gekauft!", schimpft ein dicker, nach neuester Mode gekleideter Herr. „Meint Luther, dass der keinen Wert hat? Warum eigentlich?"

_____

_____

_____

_____

„Wie können wir den Strafen im Fegefeuer entkommen?", fragt eine der Marktfrauen. „Wir alle machen uns Sorgen darum!"

_____

_____

_____

_____

Ein junger Student mischt sich ein: „Was können wir nach Martin Luthers Auffassung tun, um zu zeigen, dass wir Fehler bereuen?"

_____

_____

_____

_____

„Kannst du uns erklären, was Martin Luther meint, wenn er sagt: Der wahre Schatz der Kirche ist das allerheiligste Evangelium von der Gnade Gottes?", fragt ein Bürger, der offensichtlich lesen kann.

_____

_____

_____

_____

M 4.2   **Ablass-Gebühren**

Erzbischof Albrecht von Mainz war der päpstliche Ablasskommissar in Deutschland. Für acht Jahre war ihm vom Papst die Ablasspredigt zugunsten der Peterskirche in Rom übertragen worden, d.h. ein Teil der Einnahmen verblieb beim Erzbischof, der andere wurde nach Rom abgeführt.

1517 fasste Albrecht von Mainz die Lehre vom Ablass zusammen und legte die Höhe der zu zahlenden Gebühren fest:

Um die Gnade der vollkommenen Sündenvergebung zu erlangen, soll jeder, der gebeichtet hat oder zum Mindesten die Intention hat zu gehöriger Zeit zu beichten, in jeder der sieben Kathedralkirchen in Rom je fünf Pater Noster und fünf Ave Maria beten.
Wenn er aber aus gewisser Ursache verlangt, dass ihm die Romreise erlassen wird, kann das geschehen, jedoch muss dafür eine Kompensation in einem größeren Betrag erfolgen:

Taxen nach Stand und Vermögen:

Könige, Fürsten und Bischöfe	25 Gulden
Grafen, Prälaten, Adel	10 Gulden
Bürger und Kaufleute	3 Gulden
Handwerker	1 Gulden

Der Ablassbrief behält seine Kraft. Er kann auch für Verstorbene gekauft werden, die im Fegefeuer sind.

| M 5.1 | „Wer wird der Erste sein im Himmel?" |

Stelle dir vor, du bist heute Abend zu Hause, hast es dir richtig gemütlich gemacht, da klingelt es an der Haustüre. Du öffnest und vor dir stehen zwei jüngere, gut gekleidete Herren. Sie lächeln freundlich und fragen dich, ob sie eintreten dürften. Sie wollten mit dir über Gott, die Bibel und die Welt sprechen. Du bist zwar gerade anders drauf, kannst ihnen aber nicht widerstehen und lässt dich auf das Gespräch ein. Es geht um folgende Fragen und deine Meinung dazu:

1. Müssen wir Gutes tun, um Gott zu gefallen?
○ Ja
○ Nein

Deine Begründung: _____

_____

2. Brauchen wir Pfarrer/innen (Geistliche), Heilige oder Engel als Vermittler/innen zwischen Gott und uns?
○ Ja
○ Nein

Deine Begründung: _____

_____

3. Sind Geistliche (Priester, Pfarrer/innen, Relilehrer/innen, Bischöfe, Mönche) vor Gott bessere Christen?
○ Ja
○ Nein

Deine Begründung: _____

_____

4. Hat der Papst das letzte Wort, wenn es um die Auslegung der Bibel geht?
○ Ja
○ Nein

Deine Begründung: _____

_____

5. Wem muss ich in jedem Fall gehorchen?

○ Meinen Eltern
○ Meinen Freundinnen und Freunden
○ Niemandem
○ Meinen Lehrerinnen und Lehrern
○ Gott
○ Meinem Gewissen

Deine Begründung: _____

_____

M 5.2 Martin Luthers reformatorische Schriften von 1520

Im Jahr 1520 erscheinen drei wesentliche Schriften Martin Luthers. In ihnen setzt er sich mit zentralen Fragen der Kirche und des christlichen Glaubens auseinander. Innerhalb kurzer Zeit sind die sogenannten reformatorischen Flugschriften in ganz Deutschland verbreitet, weil Luther die Fragen und Zweifel vieler Menschen darin aufgenommen hat.

Grundsätzlich und als erstes muss ich verneinen, dass es sieben Sakramente* gibt … Wir haben gesehen, dass eigentlich nur die Verheißungen Sakramente genannt werden können, die mit (äußeren) Zeichen verbunden sind. … Daraus folgt, wenn wir streng reden wollen, dass es in der Kirche nur zwei Sakramente gibt: die Taufe und das Brot; denn allein bei diesen beiden sehen wir das aufgerichtete göttliche Zeichen und die Verheißung der Sündenvergebung. …

… es ist gottlos und tyrannisch, den Laien** das Abendmahl in beiderlei Gestalt (Brot und Wein) zu verwehren. Das Sakrament gehört nicht zu den Priestern, sondern allen. …

Deshalb rate ich niemandem, …, in einen Orden oder Priesteramt zu treten, er sei denn mit dem Wissen ausgerüstet, dass er verstehe, dass die Werke der Mönche und Priester, wie heilig und hoch sie auch sein mögen, vor dem Angesicht Gottes in nichts unterschieden sind von den Werken eines Bauern, der auf dem Acker arbeitet, … sondern dass alles vor Gott nach dem Glauben gemessen wird, …

Nach: Die babylonische Gefangenschaft der Kirche

„Denn alle Christen sind wahrhaft geistlichen Standes und unter ihnen ist kein Unterschied, denn eines Amts halber … das macht alles, dass wir eine Taufe, ein Evangelium, einen Glauben haben und sind gleiche Christen, denn die Taufe, Evangelium und Glauben, die machen allein christlich. …

Sie gaukeln uns vor, mit unverschämten Worten, der Papst könne nicht irren im Glauben …

Darum ist es eine frevelhaft erdichtete Fabel und sie können auch keinen Buchstaben aufbringen, womit sie beweisen, dass es des Papstes allein sei, die Schrift auszulegen."

Nach: An den christlichen Adel deutscher Nation

Damit wir von Grund aus erkennen mögen, was ein Christenmensch ist und wie es mit der Freiheit bestellt ist, die ihm Christus erworben und gegeben hat, will ich folgende zwei Sätze aufstellen: Ein Christenmensch ist (durch den Glauben) ein freier Herr über alle Dinge und niemand untertan. Ein Christenmensch ist (wegen der Liebe zum Nächsten) ein dienstbarer Knecht aller Dinge und jedermann untertan.

…

Wie geht es aber zu, dass der Glaube allein gerecht machen und ohne alle Werke einen so überschwänglichen Reichtum geben kann, wo uns doch in der Heiligen Schrift so viele Gesetze, Gebote, … vorgeschrieben sind? Hier ist mit Ernst … festzuhalten, dass allein der Glaube ohne alle Werke rechtschaffen, frei und selig macht …

Nach: Von der Freiheit eines Christenmenschen

Aufgaben:

1. Lies die Texte und besprich anschließend mit deinem Nebensitzer / deiner Nebensitzerin, was Luther hier schreibt.
2. Fasst dann gemeinsam den Inhalt der einzelnen Abschnitte in euren eigenen Worten schriftlich zusammen.
3. Vergleicht euer Ergebnis mit dem von zwei Mitschülern / Mitschülerinnen.

---

* Sakrament: Symbolische Handlung, in der sich Gottes Zuwendung zum Menschen vollzieht.
** Laien: griech. Laos „Volk" im Unterschied zu Klerus (Geistlichkeit).

M 6.1 Paul Thumann, Luther in Worms (1872)

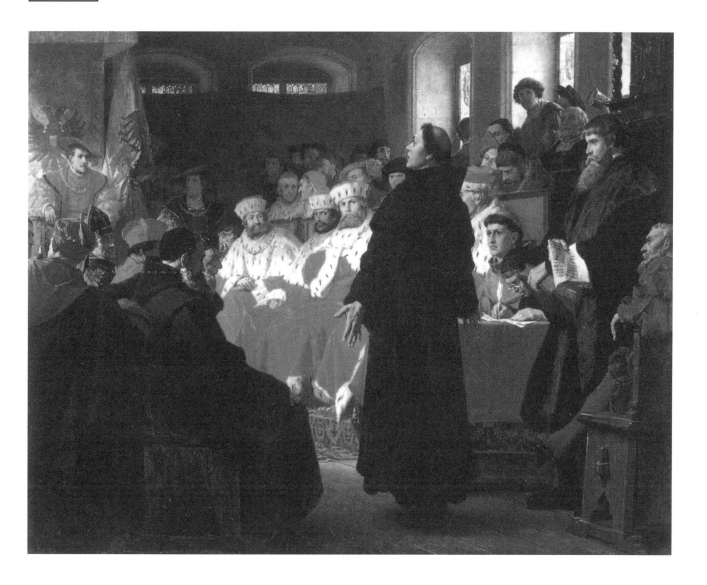

Bild auch farbig auf Seite 60.

M 6.2   Luther vor dem Reichstag in Worms 1521

Aus der Anklagerede des päpstlichen Gesandten Aleander

Eure Majestät möge einige Artikel Martin Luthers hören, die allein würdig wären, dass man hunderttausend Ketzer darum verbrenne.
Luther sagt, dass alle Artikel des Johann Hus, die auf dem Konstanzer Konzil verdammt wurden, nicht ketzerisch seien. Weiter sündigt er wider die Taufe Priester seien. Denn er sagt, dass alle Laien durch die Geistlichkeit. Welch eine Verkleinerung des Priesterstandes würde das ergeben. In Sonderheit sündigt er wider die geistlichen Orden, da er die Gelübde verwirft und verachtet. [...] Weil seine Irrtümer so offenbar geworden, hat die päpstliche Heiligkeit etliche seiner Artikel als ketzerisch und aufrührerisch verdammt. Aber Luther hat gegen den Beschluss des päpstlichen Stuhls an ein Konzil appelliert und glaubt, des Papstes Urteilsspruch nicht anerkennen zu müssen. Deshalb wolle eure kaiserliche Majestät im Reich gebieten, Martin Luthers Bücher alle zu verbrennen.

(Zit. nach: Deutsche Reichsakten, Jüngere Reihe, Bd. 2, Gotha 1896, S. 497–506)

Erklärung Kaiser Karls V.

Ihr wisst, dass ich von den allerchristlichen Kaisern der deutschen Nation, den Königen von Spanien, den Erzherzögen von Österreich und den Herzögen von Burgund abstamme, die alle treue Söhne der katholischen Kirche gewesen sind. Deshalb bin ich entschlossen, alles zu halten, was meine Vorfahren und ich bis zum gegenwärtigen Augenblick gehalten haben. [...] Denn es ist sicher, dass ein einzelner Mönch in seiner Meinung irrt, wenn diese gegen die der ganzen Christenheit, wie sie seit mehr als tausend Jahren gelehrt wird, steht. Deshalb bin ich fest entschlossen, an diese Sache meine Reiche und Herrschaften, mein Leib, mein Blut und meine Seele zu setzen.

(Zit. nach: Deutsche Reichsakten, Jüngere Reihe, Bd. 2, Gotha 1896, S. 497–506)

Luthers Verteidigungsrede

In meinen Büchern wird das Papsttum und seine Lehre angegriffen und auch diejenigen, die mit ihrer falschen Lehre, bösem Leben und schlechtem Vorbild die Christenheit an Leib und Seele verwüstet haben. So ich nun widerrufen würde, so würde ich nichts anderes tun, als dass ich die Tyrannei des Papstes stärkte und solcher großen Gottlosigkeit Tür und Tor auftäte. Ich kann und will nicht widerrufen, weil weder sicher noch geraten ist, etwas wider das Gewissen zu tun. Es sei denn, dass ich mit Zeugnissen der Heiligen Schrift oder mit öffentlichen, klaren und hellen Gründen und Ursachen widerlegt werde, denn ich glaube weder dem Papst noch den Konzilen allein, weil es offensichtlich ist, dass sie oft geirrt und sich selbst widersprochen haben. Gott helfe mir. Amen.

(Zit. nach: G. Guggenbühl, Quellen zur Geschichte der Neuzeit, Zürich 1956, S. 67f)

Aufgaben:

1. Fasse die wichtigsten Punkte der Anklage zusammen.
2. Erarbeite, wie Kaiser Karl V. seine Position begründet.
3. Formuliere dann in eigenen Worten, wie Luther begründet, dass er nicht widerrufen wird.
4. **Zusatzaufgabe:** Kaiser Karl V. spricht von „Sicherheit" („denn es ist sicher"), Martin Luther von „Gewissheit" („etwas wider das Gewissen zu tun"). Formuliere in eigenen Worten, worin du den Unterschied zwischen der „Sicherheit" und der „Gewissheit" siehst.

M 6.3

Für den Glauben das Leben riskieren? –
Das Ende des Ketzerprozesses in Worms 1521

Nachdem die Kirche Luther zum Ketzer erklärt und er in Worms seine Schriften nicht widerrufen hatte, verhängte Kaiser Karl V. die Reichsacht über ihn. Damit war Luther „vogelfrei", d.h. er war rechtlos und konnte von jedem straffrei getötet werden. Immerhin hatte der Kaiser sich jedoch dazu bewegen lassen, Luther Freies Geleit zuzusichern.

Auszug aus dem „Wormser Edikt":

„Da nun die Sache dermaßen verlaufen ist und Martin Luther so ganz verhärtet und verkehrt in seinen offenkundigen ketzerischen Auffassungen verharrt, haben Wir zu ewigem Gedächtnis festgesetzt, dass Ihr den erwähnten Martin Luther als ein von Gottes Kirche abgesondertes Glied und einen verstockten Schismatiker* und offenbaren Ketzer von Uns und Euch allen und jedem Einzelnen anzusehen und zu halten erkennt und erklärt und dies kraft dieses Schreibens bewusst in die Tat umsetzt. Und weiter gebieten Wir euch allen und jedem Einzelnen bei seinen Pflichten, dass ihr den vorgenannten Martin Luther nicht in euer Haus aufnehmt, nicht bei Hofe empfangt, ihm weder zu essen noch zu trinken gebt, ihn nicht versteckt, ihm nicht mit Worten oder Werken heimlich noch öffentlich irgendeine Hilfe, Anhängerschaft, Beistand oder Vorschub erweiset, sondern sofern Ihr ihm beikommen, ihn ergreifen und seiner mächtig werden könnt, ihn gefangen nehmt und uns wohlbewahrt zurücksendet."

Aufgabe:

➤ Lest den Textausschnitt aus dem Wormser Edikt und stellt zusammen, welche persönlichen Konsequenzen das Edikt für Luther und seine Anhänger/innen hatte.
➤ *Für seinen Glauben das Leben riskieren?*
Einige Freunde Martin Luthers sitzen nach der Veröffentlichung des Wormser Edikts zusammen und sprechen über die Zukunft. Tragt in die Sprechblasen mögliche Positionen ein, die in diesem Gespräch geäußert worden sein könnten.
➤ Bereitet euch darauf vor, euer Ergebnis in einem kurzen Rollenspiel zu präsentieren.

---

* Schismatiker: Einer, der spaltet.

M 7.1 Tabu-Spielkarten

 Luther

 Ablassbriefe

 Gewissen

 Tetzel

 Bann

 Reichstag

 Priestertum aller Gläubigen

 Kirchenlied

 Reformationstag

 95 Thesen

 Sakramente

 Heiligenverehrung

 Mönch

 Wittenberg

M 7.2   **Regeln für Tabu**

Zwei Mannschaften spielen gegeneinander.
Jede Mannschaft benennt einen Spieler / eine Spielerin, der / die den anderen in seiner / ihrer Gruppe Begriffe erklärt.
Die Begriffe stehen auf Karten, auf denen zugleich Begriffe stehen, die beim Erklären des gesuchten Begriffs nicht verwendet werden dürfen.
Ziel ist es, in einer vorgegebenen Zeit möglichst viele Begriffe zu erklären.
Die Mitspieler aus den anderen Mannschaften haben die Aufgabe, darauf zu achten, dass der erklärende Spieler nicht doch ein „verbotenes Wort" verwendet. Sie kennen also die Begriffe, die auf den Karten stehen.

M 8.1 — Sola scriptura – Allein die Heilige Schrift?!

Druckpresse / © akg-images

„Sola scriptura" war eine der wichtigsten Grundeinsichten für Martin Luther und seine Mitstreiter. Er hat seine Überzeugungen mit der Heiligen Schrift begründet und er wollte in der Auseinandersetzung mit Kaiser und Papst durch Aussagen der Bibel widerlegt werden.

Das hört sich aus heutiger Sicht sehr einfach an, war es aber damals nicht.
Es waren einige Hürden zu überwinden. So mussten z.B. folgende Fragen beantwortet und konkrete Lösungen gefunden werden:

- Wer **kann** die Bibel **lesen**? Ein Großteil der Bevölkerung damals konnte weder lesen noch schreiben. Dazu kam, dass die Bibeln überwiegend in lateinischer Sprache verfasst waren.

- Wer **kann sich** eine Bibel **leisten**? Bibeln waren über Jahrhunderte in monatelanger Arbeit handschriftlich abgeschrieben worden und deshalb sehr teuer. Allerdings hatte ca. 70 Jahre vorher (um 1450) Johannes Gutenberg den Buchdruck mit beweglichen Buchstaben und eine Druckmaschine erfunden.

- Wer **darf** die Bibel **auslegen**? Wer darf entscheiden, wie wir die Bibel verstehen sollen?
Nach dem Verständnis der damaligen Kirche hatte der Papst die höchste Autorität und das letzte Wort beim Auslegen biblischer Texte.

Martin Luther und weitere Reformatoren haben die Probleme gesehen und Wege gesucht, die Bibel allen Menschen zugänglich zu machen.

Johannes Gutenberg

Schule zur Zeit Luthers

Aufgabe:

- Versetzt euch in die Lage der Reformatoren und entwickelt Ideen, was man tun könnte, um möglichst vielen Menschen, so wie ihr es heute kennt, die Bibel zugänglich zu machen.

Eure Ideen:

_____

_____

_____

_____

_____

M 8.2 Martin Luther übersetzt die Bibel aus den Ursprachen ins Deutsche

Nachdem Martin Luther auf dem Reichstag in Worms nicht widerrufen hat, macht er sich Anfang Mai 1521 auf den Heimweg. Er kommt allerdings nie an. Er ist wie vom Erdboden verschluckt. Viele seine Anhänger sind davon überzeugt, dass er umgebracht worden ist.

Aber: Der Geächtete lebt! In einer Nacht- und Nebelaktion hat ihn Kurfürst Friedrich der Weise von Sachsen in Schutzhaft nehmen lassen. Er wird auf die Wartburg bei Eisenach gebracht. Luther verbringt dort ein Jahr, das von seelischen Höhen und Tiefen geprägt ist.

Er selbst spricht von „Kämpfen mit dem Satan".

Zugleich jedoch arbeitet er mit ungeheuerer Energie. Er macht sich an die Übersetzung des Neuen Testamentes. Jeder, der des Lesens kundig ist, soll die Möglichkeit erhalten, selbst nachzulesen, was in der Heiligen Schrift steht. Das ist Luthers Ziel.

Er übersetzt das Neue Testament in nur elf Wochen aus dem Griechischen ins Deutsche. Es erscheint im September 1522 pünktlich zur Leipziger Messe in 3000 Exemplaren. Der Kaufpreis von anderthalb Gulden entspricht zwar immer noch dem Verdienst mehrerer Wochen, er ist jedoch deutlich niedriger als die mindestens 20 Gulden, die man davor für eine Bibel ausgeben musste.

Das sogenannte **Septembertestament** findet in den evangelischen Gebieten einen reißenden Absatz und wird dort zum Buch Nummer eins. Innerhalb eines Jahres wird es mehr als ein Dutzend Mal nachgedruckt.

Hier zeigt sich, welche ungeheure Macht die neuen, durch den Buchdruck ermöglichten Kommunikationsmittel (Bücher, Flugschriften, Flugblätter) hatten.

Aufgabe:

➢ Entwerft ein Flugblatt, mit dem für Martin Luthers „Septembertestament" geworben werden kann.
(Berücksichtigt dabei, was für ein Flugblatt wichtig ist, z.B. möglichst große Illustrationen / Bilder, Unterstützung der inhaltlichen Aussage durch graphische Gestaltung, Aufforderungssätze, direkte Ansprachen des Lesers / der Leserin, Ausrufe, Fragen an den Leser, …)

Lutherzimmer auf der Wartburg. Foto: Alexander Hauk / www.bayernnachrichten.de

Wartburg (bei Eisenach / Thüringen)

M 9.1 — Ausschnitt aus der Interlinearübersetzung (Mt 5,33–37)

Weiter habt ihr gehört, dass gesagt worden ist den Alten: Nicht sollst du einen Meineid schwören, du sollst halten aber dem Herrn deine Eide! Ich aber gebiete euch, nicht zu schwören überhaupt; auch nicht beim Himmel, weil Thron er ist Gottes, auch nicht bei der Erde, weil Fußschemel sie ist seiner Füße, auch nicht bei Jerusalem, weil Stadt sie ist des großen Königs, auch nicht bei deinem Haupte sollst du schwören, weil nicht du kannst ein Haar weiß machen oder schwarz. Sein soll aber eure Rede: Ja, ja; nein, nein; aber das Mehr als dieses vom Bösen ist.

Das Neue Testament. Interlinearübersetzung. Griechisch-Deutsch. Griechischer Text: Nestle-Aland-Ausgabe (26. Auflage). Übersetzt von Ernst Dietzfelbinger, dritte Auflage, Hänssler, Stuttgart-Neuhausen 1989.

Aufgabe:

➤ Ihr habt Erfahrung mit Übersetzungen und könnt den Text in eine verständliche Form bringen. Korrigiert den Text, bringt ihn in eine gut verständliche Form und schreibt ihn in schöner Schrift auf.

M 9.2 Psalm 23

Anton Koberger, Nürnberg 1483

Der Herr regieret mich
und mir gebrist nichts.
Und an der stat der weyde
do satzt er mich.
Er hat mich gefüret
auff dem wasser der widerbringung.
Er bekeret mein seel.
Er füret mich auss auff die steyg
der gerechtigkeit.
umb seinen namen.
Wann ob ich gee
in mitt des schatten des todes.
ich fürcht nit die ubeln ding
wann du bist bey mir.
Dein rut und dein stab.
die selb haben mich getröstet.

Martin Luther, Wittenberg 1545

1 Der Herr ist mein Hirte
   Mir wird nichts mangeln.
2 Er weidet mich auff einer grünen Awen
   und füret mich
   zum frischen Wasser.
3 Er erquicket meine Seele
   er füret mich
   auff rechter Strasse
   umb seines Namens willen.
4 Und ob ich schon wandert
   im finstern Tal
   fürchte ich kein Unglück
   Denn du bist bey mir
   Dein Stecken und Stab
   trösten mich.

Aufgaben:

Ob und wie es Martin Luther gelungen ist, seine Vorstellungen umzusetzen, kannst du an seiner Übersetzung des Psalms 23 selbst überprüfen!

1. Notiere, was dir im Vergleich der beiden Übersetzungen auffällt.
2. Auch wenn man bei einer Übersetzung versucht, dem Originaltext so nahe wie möglich zu kommen, spielen eigene Überzeugungen und Erfahrungen bei der Wahl von Bildern oder Formulierungen eine Rolle.
   Beschreibe, welches „Bild" von Gott A. Koberger bzw. M. Luther mit ihrer jeweiligen Übersetzung weitergeben wollten. (Achte dabei auf Formulierungen wie „Der Herr regieret mich" und „der Herr ist mein Hirte" oder „Er bekeret mein seel" und „Er erquicket meine Seele".)
3. Stelle Verbindungen zwischen Luthers Gottesbild im Psalm 23 und dem, was du bisher schon über Luther weißt, her.
4. Martin Luther hat in seiner Übersetzung des Römerbriefes folgenden Satz formuliert: „So halten wir nun dafür, dass der Mensch gerecht wird ohne des Gesetzes Werke, allein durch den Glauben." (Röm 3,28)
   Vergleicht man seine Übersetzung mit dem griechischen Originaltext, stellt man fest, dass das Wort „allein" dort nicht steht.
   Suche eine Erklärung dafür, warum Luther sich nicht exakt an seine Vorlage gehalten hat.

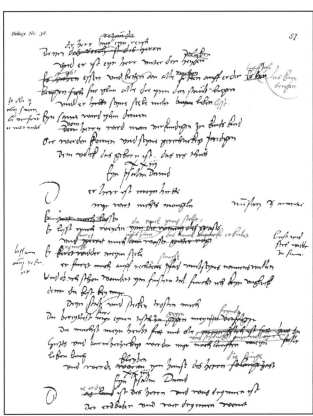

Manuskript von Luthers Übersetzung des 23. Psalms, 1521, © akg-images

M 10.1 Lucas Cranach der Ältere: Martin Luther und Katharina von Bora

1525

1526

Bilder auch farbig auf Seite 61.

M 10.2 — Infoblatt Katharina von Bora

Über den ersten Lebensabschnitt der Katharina von Bora ist nur wenig bekannt.

Sie wurde am 29. Januar 1499 als Tochter des Landadligen Hans von Bora und seiner Frau auf Gut Lippendorf in der Nähe von Leipzig geboren. Die Mutter starb schon, als Katharina noch ein kleines Kind war. Der Vater heiratete wieder. Katharina wurde mit fünf Jahren in ein Augustinerfrauenstift nach Brehna bei Bitterfeld gegeben. Dort verbrachte sie ihre Kindheit.

Mit ca. zehn Jahren wurde sie ins Zisterzienserinnenkloster Mariathron nach Nimbschen gebracht, wo sie sich auf das Leben als Nonne vorbereiten sollte.

Die Entscheidung, Katharina in die Obhut eines Klosters zu geben, und die Bestimmung zum geistlichen Leben hatten wahrscheinlich mit der zunehmenden Verarmung der Familie zu tun.

Katharina legte 1515 in Marienthron ihre Ordensgelübde (Armut, Ehelosigkeit, Gehorsam) ab und gehörte ab da zur Klostergemeinschaft. Dort lernte sie lesen und schreiben, vermutlich auch Latein, und begegnete den ersten reformatorischen Schriften Martin Luthers. Dazu gehörten wahrscheinlich auch die, die sich kritisch mit dem Klosterleben auseinandersetzten.

Gemeinsam mit einigen anderen Nonnen reifte in ihr der Entschluss, das Kloster zu verlassen. Die Frauen nahmen Kontakt zu Martin Luther auf, der sie bei ihrer Flucht unterstützte und diese auch nachträglich rechtfertigte. Nach der Legende, die es dazu gibt, flohen die neun Nonnen in der Osternacht des Jahres 1523 mit Hilfe des Torgauer Bürgers und Ratsherrn Leonhard Koppe. Dieser war ein Lieferant des Klosters und brachte die Nonnen hinter Heringsfässern versteckt nach Wittenberg. Dort hatte Luther dafür gesorgt, dass sie bei Freunden aufgenommen wurden.

Katharina von Bora kam bei der Familie des Malers Lucas Cranach unter.

Dort lernte sie den Studenten Hieronymus Baumgartner kennen, den sie heiraten wollte. Daraus wurde jedoch nichts, weil Baumgartners Eltern gegen eine Ehe mit einer entlaufenen Nonne waren. Während die anderen mit ihr geflüchteten Nonnen Ehemänner fanden, blieb Katharina von Bora ledig. Einem Freund Luthers vertraute sie an, dass sie bereit wäre, Luther zu heiraten, dieser jedoch war nach wie vor Mönch.

Als die beiden schließlich am 13. Juni 1525 heirateten, war das wohlüberlegt. Martin Luther war bereits 42 Jahre alt, also 16 Jahre älter als Katharina von Bora.

Die Luthers lebten im ehemaligen Augustinerkloster, das der Kurfürst ihnen zur Verfügung gestellt hatte. In den folgenden neun Jahren hat Katharina sechs Kinder geboren. Sie verwaltete und bewirtschaftete umfangreiche Ländereien und betrieb Viehzucht, um Luther, seine Studenten und die zahlreichen Gäste verköstigen zu können.

Als Martin Luther 1546 starb, brachte das Katharina in eine schwierige wirtschaftliche Situation. Hinzu kam, dass sie kurze Zeit später mit ihren Kindern vor dem Krieg nach Magdeburg fliehen musste. Als sie 1547 nach Wittenberg zurückkehrte, fand sie ihre Ländereien und Gebäude verwüstet vor. Dank der Unterstützung ihres Fürsten konnte sie sich jedoch wieder erholen, bis sie 1552 Wittenberg erneut wegen der Pest und Missernten verlassen musste. Sie suchte Zuflucht in Torgau. Auf dem Weg dorthin hatte sie einen Unfall, an dessen Folgen sie wenige Wochen später starb.

Aufgabe:

➢ Erstelle einen „Spickzettel", mit dessen Hilfe du Katharina von Boras Lebenslauf nacherzählen könntest. (Achte darauf, dass du die Fragen, die eben an der Tafel gesammelt wurden, berücksichtigst.)

Katharina von Bora – die entflohene Nonne

Auch im Mittelalter gab es immer wieder Mönche und Nonnen, die dem Leben im Kloster entflohen waren. Zu einer Welle von Austritten aus Klöstern und deren Auflösung kam es allerdings erst im Zusammenhang mit der Reformation. Martin Luther lehnte das Klosterleben zwar nicht völlig ab, er war aber der Meinung, dass es nicht die höchste Form christlichen Lebens sei. Er kritisierte die Auffassung, dass man durch fromme Werke sein Heil erlangen könne, als selbstgerecht und gottlos. Außerdem widersprach es nach seiner Überzeugung der Freiheit eines Christen, sich an ein Ordensgelübde zu binden.

Die Flucht aus dem Kloster war für Frauen zu damaliger Zeit ein großes Wagnis. Dort waren sie versorgt und in Sicherheit. Oft waren sie schon als Kinder ins Kloster gegeben worden. Mit dieser Entscheidung war ihr Lebensweg vorgezeichnet, entsprechend waren meist auch die finanziellen Vereinbarungen mit den Familien. Ihre Mitgift bzw. ihr Erbe gingen in den Klosterbesitz über. Hinzu kam, dass sich die Angehörigen von den Familienmitgliedern im Kloster auch einen geistlichen Gewinn erhofften.

Ein Klosteraustritt war deshalb mit einem hohen Risiko verbunden. Die Nonnen waren mittellos und konnten nicht darauf hoffen, dass sie von ihren Familien wieder aufgenommen wurden. Sie verloren ihre religiöse Sonderstellung, ihre Anerkennung und wurden exkommuniziert. Selbst für diejenigen, die das Kloster aus Überzeugung und mit gutem Gewissen verlassen hatten, blieb der Klosteraustritt eine ehrenrührige Sache.

„Wehe dir armem, verführtem Weibe, nicht allein darum, dass du aus dem Licht in die Finsternis, aus klösterlicher heiliger Religion in ein verdammliches und schändliches Leben und also von der Gnade in die Ungnade Gottes abgefallen bist ...; weh dir auch darum, dass du durch dein böses Vorbild etwa unschuldige und arme Kinder (andere Nonnen) auch in diesen Jammer gebracht hast (...), die nun nicht allein geistlich, sondern auch leiblich arm, ja ärmer denn arm und die verächtlichsten Leute geworden sind."

(J.v.d. Heiden, nach R.H. Beinton, Frauen der Reformation, aus d. Engl. übers. v. M. Obiz, 3. Aufl., Gütersloh 1996, S. 21)

Aufgaben:

1. Lies den Infotext zur „Klosterflucht" und stelle zusammen, was für und was gegen das Verlassen des Klosters spricht.
2. Fasse in eigenen Worten zusammen, was Joachim von der Heiden, ein Gegner Martin Luthers, Katharina von Bora vorwirft.

Flucht aus dem Kloster

Um die Überlieferung der Flucht von Katharina von Bora zusammen mit acht Nonnen aus dem Kloster Mariathron bei Nimbschen im Kurfürstentum Sachsen ranken sich manche Geschichten. So sind die Hintergründe der Flucht unklar, ebenso ihre Vorbereitung und Durchführung. Wer hatte den Kontakt zur Außenwelt hergestellt und Nachrichten weitervermittelt?

Bekannt ist, dass in der Osternacht 1523 neun Nonnen aus dem Kloster Mariathron geflohen sind. Unterstützt wurden sie von einem Torgauer Bürger und Ratsherren namens Leonhard Koppe und zwei weiteren Fluchthelfern. Koppe belieferte das Kloster mit Lebensmitteln, zur Fastenzeit vermutlich mit Fisch. So entstand die Legende, die Nonnen seien in Heringsfässern herausgeschmuggelt worden.

Als die Nonnen in Wittenberg ankamen, waren sie vermutlich völlig ohne eigenen Besitz. Martin Luther hat eine Spendenaktion für sie veranlasst und auch beim Kurfürsten um Unterstützung gebeten.

In den darauffolgenden Monaten fanden einige Nonnen einen Ehepartner, andere kehrten zu ihren Familien zurück.

Aufgabe:

Leider gibt es von Katharina von Bora keine schriftlichen Zeugnisse, denen wir entnehmen könnten, was sie dazu bewogen hat, aus dem Kloster zu fliehen. Wir sind hier auf Vermutungen und unsere Phantasie angewiesen.

➢ Verfasse einen Dialog, in dem Katharina sich mit einer Nonne, die in die Fluchtpläne eingeweiht ist, über ihre Beweggründe, Fragen und Zweifel austauscht.

Entlaufene Nonne heiratet geächteten Mönch – Die große Liebe?

Eine Liebesheirat?

Katharina von Bora war mit acht anderen Nonnen aus dem Kloster Nimbschen nach Wittenberg geflüchtet. Dort hat sich Luther ihrer angenommen und ihre Flucht im Nachhinein gerechtfertigt.

Die Entflohenen kamen in verschiedenen Haushalten unter und wurden dort versorgt. Katharina lebte bei der Familie des Malers Lucas Cranach. Dort lernte sie einen Nürnberger Patriziersohn, Hieronymus Baumgartner, kennen, den sie wohl gerne geheiratet hätte. Dessen Familie war jedoch gegen die Ehe mit einer entlaufenen Nonne und verarmten Adeligen. Einen Ehekandidaten, den Luther ihr vorgeschlagen hatte, lehnte sie ab. Inzwischen waren die anderen Nonnen verheiratet oder anderweitig versorgt, nur Katharina war ledig geblieben. Einem Freund Luthers vertraute sie an, dass sie bereit wäre, Luther zu heiraten. Dieser jedoch lebte 1524 noch als Mönch.

Als die beiden schließlich am 13. Juni 1525 heirateten, war das wahrscheinlich eine von beiden sehr bewusste Entscheidung. Martin Luther war bereits 42 Jahre alt, 16 Jahre älter als Katharina von Bora.

In den folgenden neun Jahren hat Katharina Luther sechs Kinder geboren.

Für die Zeitgenossen der Luthers war die Ehe zwischen einer entlaufenen Nonnen und einem Mönch eine Provokation. Es hieß, dass der „Antichrist" (der gegen Christus kämpft) einer Ehe zwischen einer Nonne und einem Mönch entstammen werde. Katharina hatte wegen ihrer Ehe mit Luther viele Vorwürfe und Verleumdungen zu ertragen. Von Martin Luther sind viele Äußerungen zu seiner Frau überliefert, die zeigen, dass er sie sehr geschätzt und bewundert hat, vor allem in dem, wie sie die Familie und die große Hauswirtschaft geleitet und organisiert hat.

Aufgabe:

1. Überlege, welche Erwartungen du an einen späteren Partner / eine spätere Partnerin hast.
2. Vergleiche deine Vorstellungen mit dem, was du über Katharina von Bora und Martin Luther weißt.
3. Verfasse einen Brief, den Katharina am Tag nach der Hochzeit an eine ehemalige Mitschwester schreibt.

M 11.1 „Sermon, gepredigt vom Bauern", 1524/25

© akg-images

Bild auch farbig auf Seite 60.

M 11.2 — Luther und der Bauernkrieg 1525 – Die „12 Artikel der Bauern"

Die Kritik Luthers und seiner Mitstreiter an der damaligen Kirche, seine Auseinandersetzung mit dem Kaiser auf dem Reichstag in Worms und seine Gedanken zur „Freiheit eines Christenmenschen" verbreiteten sich weit über Deutschland hinaus. Viele Menschen erhofften sich Veränderungen, ganz besonders diejenigen, die in Armut und Abhängigkeit lebten, wie die Bauern.

Im Frühjahr 1525 schlossen sich an verschiedenen Orten in Deutschland Bauern zusammen. Ihre Forderungen wurden in den sogenannten „12 Artikeln der Bauern" festgehalten, die im Februar in Memmingen entstanden waren.

> Der erste Artikel. Wir bitten demütig, dass eine Gemeinde ihren Pfarrer selbst wählen soll. Der gewählte Pfarrer soll uns das Evangelium verständlich predigen, ohne es zu verfälschen.
>
> Der dritte Artikel. Bisher war es üblich, dass man uns wie Eigentum angesehen und besessen hat. Dies ist ein erbärmlicher Zustand, vor allem, wenn wir bedenken, dass Christus uns alle mit seinem kostbaren Blut erlöst und erkauft hat. Deshalb sagt die Bibel, dass wir frei sind und frei sein wollen. Das heißt nicht, dass wir ganz frei sein und keine Obrigkeit haben wollen, denn davon sagt die Bibel nichts. Wir wollen unserer Obrigkeit gehorchen, soweit es recht und billig ist.
>
> Der fünfte Artikel. Beschwerden haben wir auch wegen des Rechtes, Holz zu holen und zu fällen. Unsere Herrschaften haben sich die Wälder unter den Nagel gerissen und wenn der arme Mann etwas braucht, muss er es teuer kaufen. Wir sind der Meinung, dass die Wälder nicht den geistlichen und weltlichen Herren gehören, die dafür nichts bezahlt haben. Die Wälder sollen wieder den ursprünglichen Besitzern, der ganzen Gemeinde, zurückgegeben werden.
>
> Der siebte Artikel. Wir wollen, dass unsre Herrschaft uns nicht noch mehr Lasten auferlegt. Wenn der Herr eine Arbeitskraft braucht, dann soll ihm der Bauer gehorchen und zu Diensten stehen, doch zu den Zeiten, zu denen er nicht selber arbeiten muss. Auch soll der Bauer für seine Dienste bezahlt werden.
>
> Der zwölfte Artikel. Wenn einer oder mehrere der hier aufgestellten Artikel mit der Bibel nicht übereinstimmen, werden wir den Artikel streichen, wenn man uns das anhand der Bibel nachweist.

Aufgaben:

1. Fertigt eine Liste an, in der ihr die Forderungen der Bauern in eigenen Worten festhaltet. Formuliert zu jedem Artikel eine Forderung in einem Satz, beginnend: „Wir fordern …"
2. Unterstreicht in den „Artikeln" die Sätze, in denen ihr Gedanken der Reformatoren erkennt.
3. Wie könnte Martin Luther auf die „12 Artikel" reagiert haben? Entwickelt Ideen und schreibt sie auf.
4. **Zusatzaufgabe:** (Partnerarbeit)
   Versetzt euch in die Situation eines Bauern aus damaliger Zeit und verfasst auf dem Hintergrund der „Artikel" Szenen, in denen Bauern über ihre Lebenssituation berichten.
   Zum Beispiel: „Am Sonntag war ich mit meiner Familie in der Heiligen Messe. Der Priester hat sie, wie immer, in lateinischer Sprache gehalten …" Oder: „Der Winter steht bevor, wir sollten dringend in den Wald gehen und Holz schlagen …"

M 11.3 — Luther reagiert auf die Forderungen der Bauern

*Im April 1525 wendet sich Luther mit der Flugschrift **„Ermahnung zum Frieden auf die zwölf Artikel der Bauernschaft in Schwaben"** an beide Seiten und bemüht sich um ein ausgewogenes Urteil.*

An die Fürsten und Herren
Erstlich mögen wir niemand auf Erden danken solchs Unrats und Aufruhrs denn euch Fürsten und Herren, sonderlich auch blinden Bischöfen und tollen Pfaffen und Mönchen, die ihr noch heutigen Tages verstockt, nicht aufhöret zu toben und wüten wider das heilige Evangelium, ob ihr gleich wisset, dass es recht ist, und auch nicht widerlegen könntet; dazu im weltlichen Regiment nicht mehr tut, denn dass ihr schindet und schätzt eure Pracht und Hochmut zu führen, bis der arme gemeine Mann nicht kann noch mag länger ertragen …

An die Bauern
Auf den ersten Artikel: Die ganze Gemeinde solle Vollmacht haben, einen Pfarrer zu wählen … Dieser Artikel ist recht …

Auf den dritten Artikel: Es soll kein Leibeigener sein, weil uns Christus hat alle befreit. – Was ist das? Das heißt christliche Freiheit ganz fleischlich machen. Hat nicht Abraham und andere Väter des Glaubens und Propheten auch Leibeigene gehabt? … Darum ist dieser Artikel stracks wider das Evangelium und räuberisch, … Denn ein Leibeigener kann wohl Christ sein und christliche Freiheit haben, gleichwie ein Gefangener oder Kranker Christ ist und doch nicht frei.

Auf die anderen acht Artikel: Die anderen Artikel, von der Freiheit der Jagd, des Fischfangs, von Holz, Wäldern und Diensten, Zinsen, Auflagen, Abgaben, Todfall, usw. überlasse ich den Rechtsgelehrten. Denn mir, als einem Evangelisten, nicht gebührt, darüber zu urteilen und zu richten …

So habe ich oben gesagt, dass solche Stücke einen Christen nicht angehen; er fragt auch nicht danach; er lässt rauben, nehmen, drücken, schinden, schaben, fressen, toben, wer da will, denn er ist ein Märtyrer auf Erden.

Aufgaben:

1. Erarbeite aus dem Text, worin Luther die Ursachen der Unruhen sieht und wen er dafür verantwortlich macht.
2. Lies die Ermahnung an die Bauern und formuliere in einigen Sätzen, wie du an Stelle eines Bauern darauf reagiert hättest.
3. Tausche dich anschließend mit deinem Nachbarn aus.

*Eine Wandlung in Luthers bis dahin von einer gewissen Sympathie für die Bauern geprägten Einstellung brachte die Hinrichtung eines Grafen und seiner Begleiter durch Bauern in Weinsberg. Er nahm die Tat zum Anlass für seine Schrift **„Wider die räuberischen und mörderischen Rotten der Bauern"**, in der er den Adel zu unnachsichtiger Härte gegen die Bauern aufforderte.*

Diese Bauern sündigen in dreifacher Weise. Deshalb haben sie den leiblichen und seelischen Tod vielfach verdient.

Erstens haben sie ihrer Obrigkeit Treue und Gefolgschaft versprochen und geschworen, untertänig und gehorsam zu sein. Gott gebietet dies in der Bibel in Römer 13,1: „Jedermann sei der Obrigkeit untertan" …

Zweitens machen sie einen Aufstand, rauben und plündern Klöster und Schlösser, die ihnen nicht gehören. Dadurch machen sie sich zu öffentlichen Straßenräubern und verdienen den Tod doppelt, an Leib und an Seele.

Drittens rechtfertigen sie diese schreckliche Sünde auch noch mit dem Evangelium …
Darum sollen hier alle, die es können, hineinschlagen, würgen und stechen, heimlich oder öffentlich und daran denken, dass nichts Giftigeres, Schädlicheres, Teuflischeres sein kann, als ein aufrührerischer Mensch. Wie man auch einen bissigen Hund totschlagen muss; schlägst du ihn nicht, so beißt er dich tot und dazu noch andere Menschen.

In den folgenden Auseinandersetzungen unterlagen die Bauern den mit großer Brutalität zu Felde ziehenden Adligen- und Fürstenheeren. Obwohl sie viele waren, hatten sie gegen die militärische Übermacht der Herrschenden keine Chance. Insgesamt haben über 70.000 Bauern im Bauernkrieg ihr Leben verloren.

Aufgaben:

1. Luther spricht von der dreifachen „Sünde" der Bauern. Formuliere in eigenen Worten, um welche drei „Sünden" es sich handelt.
2. Ein früherer Mitstreiter hat Luther einen „Fürstenknecht" genannt. Erkläre vor dem Hintergrund dessen, was du inzwischen über Luthers Haltung im Bauernkrieg weißt, was er damit gemeint haben könnte.

M 11.4 **Luther predigt gegen den Bauernkrieg**

M 12.1   **Schule im 16. Jahrhundert**

Lateinschule im 16. Jahrhundert (Holzschnitt von 1592). Die Jungen werden in drei Gruppen unterrichtet: links lernen die Jüngsten Lesen, einem wird mit der Rute aufs blanke Gesäß geschlagen. Die mittlere Gruppe befasst sich mit lateinischer Grammatik, der Lehrer droht mit der Rute. Die dritte Gruppe liest bereits selbständig lateinische Schriftsteller, doch liegt auch für sie (am Boden rechts unten) noch eine Rute bereit.

| M 12.2 | **Martin Luther und die Bildung (1524)** |

> Im großen Umbruch vom ausgehenden Mittelalter in eine neue Epoche geriet auch das überkommene Schulwesen in eine schwere Krise. Dort, wo als Folge der Reformation die Klöster und Stifte aufgelöst wurden, fielen die wirtschaftlichen Grundlagen der Schulen weg.
> Martin Luther wusste, dass Menschen Bildung brauchen, um sich aus Ohnmacht, Abhängigkeit und Armut zu befreien und dass es gebildeter Menschen bedurfte, um das Land, die Städte und die Kirche zu leiten. Deshalb hat er früh gesehen, dass er hier etwas unternehmen musste.

Bevor wir uns mit Luthers Forderungen beschäftigen, seid ihr als Fachleute für Schule gefragt!
Ihr kennt die Schule mit ihren Stärken und Schwächen seit vielen Jahren und könnt deshalb zu den drei wesentlichen Fragen, die Luther beschäftigt haben, Auskunft geben.

1. **Wie soll die Erziehung aussehen?**
   - Was ist aus deiner Sicht für die Beziehung zwischen Schüler/in und Lehrer/in wichtig?
   - Überlege dir, unter welchen Bedingungen du gut lernen kannst bzw. was dich beim Lernen negativ beeinträchtigt?

_____
_____
_____

2. **Wer soll verantwortlich dafür sein, dass die Kinder etwas lernen?**
   - Jede Familie selbst?
   - Die Stadtverwaltung?
   - Die Landesregierung?
   - Die Kirche?

_____
_____
_____

3. **Was sollen die Schülerinnen und Schüler lernen?**
   - Überlege dir, was Kinder in der Schule lernen sollten. Dazu kannst du z.B. deine Schulfächer durchgehen und überprüfen, ob und warum sie sinnvoll sind. Begründe deine Auswahl!
   (Achte darauf, dass nicht nur deine Lieblingsfächer zum Zuge kommen ☺!)

_____
_____
_____

M 12.3 **Luthers Vorstellung von Schule**

Das Titelblatt zu Luthers Schrift „An die Ratsherren aller Städte deutschen Landes, dass sie christliche Schulen aufrichten und halten sollen" von 1524 (Erfurter Ausgabe) zeigt in idealtypischer Weise ein völlig anderes Schulsystem: Jetzt werden – getrennt von den Jungen – auch Mädchen von Lehrerinnen unterrichtet, und alle ohne Stock und Rute. Der Unterricht erfolgt aus Büchern (Bibel, aber dann in der Folgezeit vor allem aus Luthers Katechismus).

M 12.4 Martin Luther und die Einrichtung von Schulen

An die Ratsherren aller Städte deutschen Landes, dass sie christliche Schulen aufrichten und halten sollen:

... Jetzt erfahren wir in Deutschland, dass man einfach die Schulen verschwinden lässt, ... niemand will seine Kinder etwas lernen lassen.

„Ja", sagen sie (die Eltern), „wozu soll man die lernen lassen, die nicht Pfarrer, Nonnen oder Mönche werden sollen? – Man soll sie lieber etwas lernen lassen, wovon sie sich später ernähren können." ...

Liebe Herren, wenn man Jahr für Jahr so viel ausgibt für Waffen, Wege, Stege ... und viele andere Dinge, ... warum sollte man dann nicht viel mehr oder genauso viel aufwenden für die arme bedürftige Jugend, indem man ein oder zwei geeignete Männer als Lehrer einstellt? ...

Ihr werdet sagen, das ist die Aufgabe der Eltern, was geht das die Ratsherren und die Obrigkeit an? Das ist richtig. Aber wenn die Eltern es nicht tun, wer soll es dann tun? Sollen die Kinder gar nicht unterrichtet werden? ...

Ihr werdet sagen, wenn man Schulen hätte, wozu ist es dann gut, die lateinische, die griechische und hebräische Sprache und andere Wissenschaften zu lernen? ...

Wer die Sprache kennt, der kann auch ein Urteil abgeben über die Lehre (die Pfarrer und Lehrer über das Christentum verbreiten). Denn der Prediger oder Lehrer kann die Bibel ja richtig oder falsch lesen und erklären, wenn niemand da ist, der darüber urteilt, ob er es richtig macht oder nicht ...

... es ist Grund genug, die allerbesten Schulen in allen Orten einzurichten für Jungen und Mädchen ...

Außerdem ist es von Gottes Gnaden so eingerichtet, dass Kinder mit Lust und spielend lernen können ... Ich rede für mich. Wenn ich Kinder hätte und es könnte, dann müssten sie nicht nur die Sprachen und Geschichte lernen, sondern auch singen und Musik und Mathematik lernen. ... Meine Meinung ist, dass man die Jungen eine oder zwei Stunden am Tag zur Schule gehen lässt, dann können sie in der übrigen Zeit im Hause helfen, ein Handwerk lernen oder was sie sonst lernen sollen ...

Die Mädchen können eine Stunde am Tag zur Schule gehen und dennoch ihre Aufgaben im Haushalt erfüllen.

(1524)

Aufgaben:

1. Erarbeitet aus dem Text, was Luther von den Ratsherren der Städte fordert und wie er sein Anliegen jeweils begründet.

2. Formuliert mindestens zwei Gründe, warum die Reformatoren „Bildung" auf ihre Fahnen geschrieben hatten, also Bildung als außerordentlich wichtig angesehen haben.

M 13.1 — Reformation im Kirchengebäude

So, wie man in eurem Zimmer Gegenstände, Bilder und Texte finden kann, die euch wichtig sind, die euch im Alltag begleiten, Vorlieben oder Überzeugungen von euch zeigen, kann man auch im Kirchenraum entdecken, was bedeutsam für den Glauben der jeweiligen Konfession ist.

Ihr habt euch im Unterricht ausführlich mit Martin Luther und der Reformation beschäftigt und könnt deshalb Auskunft über den protestantischen Glauben geben.

Das sollt ihr tun, indem ihr den Kirchenraum einer evangelischen Kirche einrichtet.

Folgende Gegenstände stehen euch zur Verfügung:

Altar, Tabernakel, Kanzel, Taufbecken, Bibel, Beichtstuhl, Altarkerzen, Blumen, Orgel, Ewiges Licht, Weihwasserbecken, Osterkerze, Kreuz, Marienstatue

Aufgaben:

1. Überlegt für jeden der Gegenstände, ob und wo er in der Kirche sein soll, und begründet eure Entscheidung. (Hier hilft euch euer Wissen über Luther und die Reformation weiter!).

Folgende Gegenstände sind in „meiner" evangelischen Kirche:

_____
_____
_____

Meine Begründung für die Auswahl:

_____
_____
_____
_____
_____
_____
_____

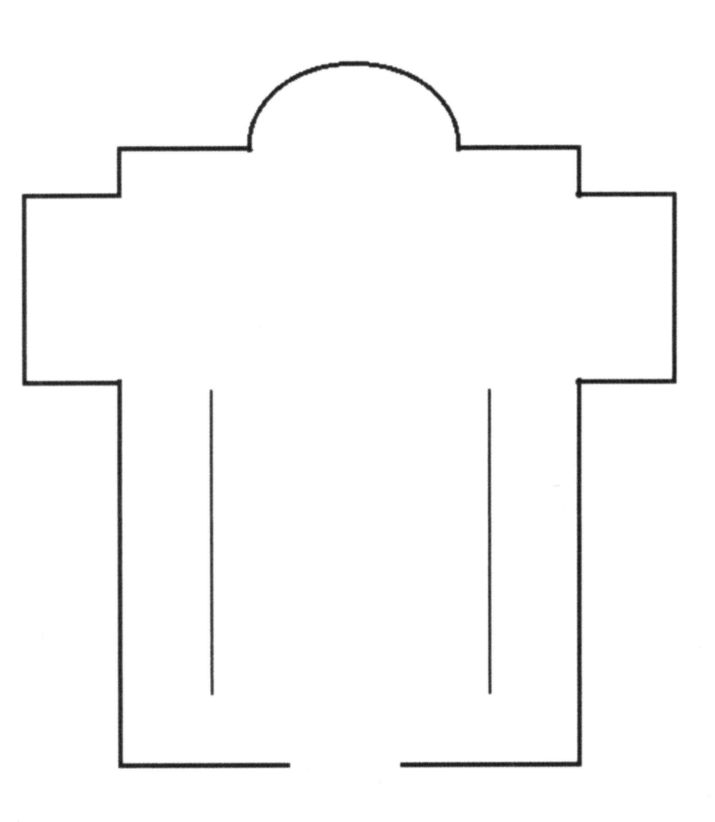

2. Zeichnet die Gegenstände, die in der einzurichtenden evangelischen Kirche sein sollen, in den Grundriss ein.
3. Wenn ihr fertig seid, könnt ihr der Kirche einen Namen geben.

M 13.2 Bilder für Strukturlegen

Rembrandt, Die Heimkehr des verlorenen Sohnes, 1666/1669, © akg-images

Paul Thumann, Luther in Worms (1872)

„Sermon, gepredigt vom Bauern", 1524/25
© akg-images

 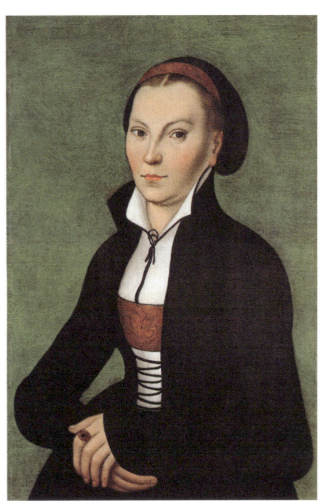

Lucas Cranach der Ältere, Martin Luther (1525) und Katharina von Bora (1526)

Abbildungsverzeichnis

23 Martin Luther, Papst Leo X. (Raffaello; wikimedia commons, The Yorck Project); Kaiser Karl V. (Lucas Cranach d.Ä.; www.dipaideia), Katharina von Bora (Lucas Cranach d.Ä.; wikimedia commons), Titelblatt Biblia, Schule um 1500: Archiv; Predigender Bauer, © akg-images.

26 Rembrandt van Rijn, Heimkehr des verlorenen Sohnes, Radierung, 1636.

27 Martin Luther, Etlich christlich lider, Lobgesang und Psalm, Nürnberg 1524, © akg-images.

29 Luther beim Anschlag seiner „Thesen" an der Wittenberger Schlosskirche. Szene aus dem Film „Luther" (2003), © akg-images / Eikon / Album.

30 Flugblatt „Johannes Tezelius". Archiv. Der Text oben lautet: Johannes Tezelius Dominicaner Münch mit seinen Römischen Ablaßkram / welchen er im Jahr Christi 1517. in Deutzschenlanden zu marckt gebracht / wie er in der Kirchen zu Pirn in seinem Vaterland abgemahlet ist. //

Text links:
ihr deutschen mercket mich recht/
Des heiligen Vaters Papstes Knecht/
Bin ich/ und bring euch itzt allein/
zehn tausend und neunhundert carein/
Gnad und Ablaß von einer Sünd/
Vor euch/ ewer Elter n/ Weib und Kind/
Sol ein jeder gewehret sein
so viel ihr legt ins Kästelein/
So bald der Gülden im Becken klingt/
Im huy die Seel im Himel springt/.

32 Titelblatt „Martin Luther: An den christlichen Adel deutscher Nation. Von des christlichen Standes Besserung", Wittenberg 1520; Titelblatt „Martin Luther, Von der Freyheyt einiß Christenmenschen", Wittenberg 1520.

33 Paul Thumann, Luther in Worms, 1872, Foto: Ulrich Kneise, Eisenach.

38 Rekonstruktion der Druckpresse von Johannes Gutenberg, © akg-images; Johannes Gutenberg, Archiv; Schule zur Zeit Luthers, Archiv.

39 Titelblatt von Luthers „Septembertestament", 1522; Lutherzimmer auf der Wartburg. Foto: Alexander Hauk / www. bayernnachrichten.de; Wartburg bei Eisenach, Foto: wiki-commons.

41 Manuskript von Luthers Übersetzung des 23. Psalms, 1521, © akg-images.

42 Lucas Cranach der Ältere, Martin Luther (1525) und Katharina von Bora (1526), Archiv Calwer Verlag.

46 Sermon, gepredigt vom Bauern, 1524 („Eyn sermon gepredigt vom Pawren tzu Werdt / bey Nürnberg / am Sonntag vor Fassnacht / vom freyen wyllen des mensche(n) [Volkstümliche Predigten über Luthers Lehre, vorgetragen von Diepold Peringer, dem „Bauer von Wöhrd", Zwickau 1525, spätere Kolorierung, © akg-images.

49 Luther predigt in Seeburg gegen den Bauernkrieg (Mai 1525), Radierung von Gustav König, 1847. 28. Bild der Serie „Dr. Martin Luther, der deutsche Reformator. In bildlichen Darstellungen von Gustav König, Stuttgart 1857, © akg-images.

50 Schule im 16. Jahrhundert, Holzschnitt, Archiv Calwer Verlag.

52 Titelblatt zu Martin Luther: An die Ratsherren aller Städte deutschen Landes, daß sie christliche Schulen aufrichten und halten sollen, Erfurt 1524.

54 Abbildungen: Angelica Guckes, © Calwer Verlag.

56 siehe zu Seite 54.

59 Rembrandt van Rijn, Heimkehr des verlorenen Sohnes, 1666/1669, © akg-images.

60 siehe zu Seite 33 und 46.

61 siehe zu Seite 42.

Bodo Meier-Böhme

Sechs Freunde und...

Die Falle des Teufels

... die Reformation

Bodo Meier-Böhme
Die Falle des Teufels
Sechs Freunde und
die Reformation
ctb 82, 206 Seiten
ISBN 978-3-7668-3696-0

Daniel ist richtig merkwürdig geworden. Oft plagen ihn heftige Kopfschmerzen. Hat das vielleicht mit dem eigenartigen Fläschchen zu tun, das ihn vor einiger Zeit am Kopf getroffen hat?
Weit weg und lange her, im späten Mittelalter, passieren ebenfalls seltsame Dinge. Ein unheimlicher Fremder versucht Thomas mit einem Fläschchen in seinen Bann zu ziehen.
Wie hängt das Schicksal der beiden Jungen zusammen? Dieses Rätsel lässt sich nur auf der Wartburg lösen. Deshalb begeben sich Daniels Freunde auf den weiten Weg zurück in das ereignisreiche Jahr 1521, wo sie miterleben, wie ein Mönch namens Martin Luther die Welt verändert ...

Inhaltsverzeichnisse, Leseproben und Preise siehe unter www.calwer.com

---

Wilhelm Schwendemann / Matthias Stahlmann

Reformation und Humanismus in Europa – Philipp Melanchthon und seine Zeit

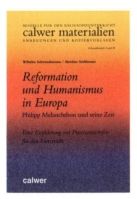

Wilhelm Schwendemann /
Matthias Stahlmann
**Reformation und
Humanismus in Europa**
Philipp Melanchthon
und seine Zeit
Eine Einführung mit
Praxisentwürfen für den
Unterricht
calwer materialien
112 Seiten
ISBN 978-3-7668-3516-1

Das Heft entfaltet unterschiedliche Zugänge zu den in den Lehrplänen der Sekundarstufe I und II vorgesehenen Themen Reformation und Humanismus. Am Beispiel Philipp Melanchthons (1497–1560) werden die zeitgeschichtlichen, theologischen und biographischen Hintergründe jener wegweisenden Epoche deutlich. Dabei stellt das Heft immer wieder Beziehungen zu den Fragen und der Lebenswelt der Schülerinnen und Schüler her.
Zahlreiche Texte, Bilder und Arbeitsblätter sowie ausgearbeitete Unterrichtsentwürfe bieten ansprechende Materialien für einen lebendigen Unterricht.

Inhaltsverzeichnisse, Leseproben und Preise siehe unter www.calwer.com

Martin Brecht

Martin Luther, Band 1: Sein Weg zur Reformation 1483–1521

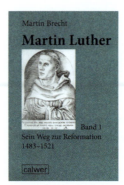

Martin Brecht hat den Ertrag der Forschung in einer Lebensbeschreibung des jungen Luther ausgewertet, anhand der Quellen kritisch überprüft und zusammengefasst. Dabei hat sich sowohl in Einzelheiten als auch in größeren Zusammenhängen ein verändertes Lutherbild ergeben.

Die Schwerpunkte des Bandes:
– der betende und angefochtene Mönch und der Theologe Luther
– der Weg zum reformatorischen Durchbruch
– der Ablassstreit und die reformatorische Entdeckung
– das reformatorische Programm
– der Bann
– der Wormser Reichstag von 1521.

Martin Luther, Band 2: Ordnung und Abgrenzung der Reformation 1521–1532

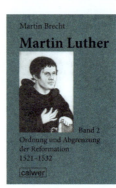

Die eigentliche Ausgestaltung der Reformation durch Luther erfolgt zwischen 1521 und 1532. Dies ist zugleich die Zeit ihrer schwersten Gefährdungen und der Konfrontation mit zahlreichen inneren und äußeren Konflikten. Zudem verändern sich Luthers eigene Lebensumstände mit seiner Heirat und der Gründung einer Familie einschneidend. Die Periode gilt als die dichteste im Leben des Reformators.

Die Schwerpunkte des Bandes:
– auf der Wartburg
– der Prediger von Wittenberg
– der Bauernkrieg
– Heirat und Familie
– der Streit mit Erasmus
– der Abendmahlsstreit
– das Eindringen der Täufer
– vom Augsburger Reichstag zum Nürnberger Religionsfrieden.

Martin Luther, Band 3: Die Erhaltung der Kirche 1532–1546

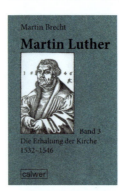

Der abschließende Band dieser großen wissenschaftlichen Lutherbiographie beschäftigt sich umfassend mit dem letzten Lebensabschnitt des Reformators, der in früheren Darstellungen mangels genauer Kenntnis meist nur knapp behandelt wird.
Viele Klischeevorstellungen über den alten Luther erweisen sich als unhaltbar, und sein großer Anteil am Fortgang der Reformation wird deutlich.
Ein ausführliches Sachregister für alle drei Bände erschließt die Biographie.

Die Schwerpunkte des Bandes:
– Luthers Anteil am Fortgang der Reformation
– Vollendung der Bibelübersetzung
– Theologische Streitigkeiten in Wittenberg
– Erörterung über das Widerstandsrecht
– Luthers Gemeinde – Wittenberg
– Auseinandersetzung mit den Juden
– Tod und Begräbnis.

Martin Brecht
Martin Luther – 3 Bände
Gesamtausgabe
– unveränderte Sonderausgabe 2013 –
1.520 Seiten mit 68 sw Abb. und 52 Tafeln, gebunden
ISBN 978-3-7668-4273-2

Inhaltsverzeichnisse, Leseproben und Preise siehe unter
www.calwer.com